"四有"教育
SIYOU JIAOYU

李鹏 著

哈尔滨出版社
HARBIN PUBLISHING HOUSE

图书在版编目（CIP）数据

"四有"教育 / 李鹏著． -- 哈尔滨：哈尔滨出版社，2022.11
 ISBN 978-7-5484-6885-1

Ⅰ．①四… Ⅱ．①李… Ⅲ．①教育研究 Ⅳ. ① G40-03

中国版本图书馆 CIP 数据核字（2022）第 217059 号

书　　名："四有"教育
　　　　　"SIYOU" JIAOYU

作　　者：李　鹏　著
责任编辑：杨浥新
封面设计：树上微出版

出版发行：哈尔滨出版社（Harbin Publishing House）
社　　址：哈尔滨市香坊区泰山路82-9号　　邮编：150090
经　　销：全国新华书店
印　　刷：武汉市籍缘印刷厂
网　　址：www.hrbcbs.com
E-mail：hrbcbs@yeah.net
编辑版权热线：（0451）87900271　87900272

开　本：880mm×1230mm　1/32　　印张：8.25　　字数：165 千字
版　次：2022年11月第1版
印　次：2022年11月第1次印刷
书　号：ISBN 978-7-5484-6885-1
定　价：68.00 元

凡购本社图书发现印装错误，请与本社印制部联系调换。
服务热线：（0451）87900279

序言

岁月如歌，转眼我已经毕业从教近十八年。十八年的朝朝暮暮风风雨雨，化作一茬又一茬毕业生的记忆。记忆里有喜有忧、有笑有泪、有花有果、有香有色。

我常给学生说：我要陪伴你们在每一个朝暮，因为陪伴是最长情的告白。他们整齐朗诵："恰同学少年，风华正茂"；"悄悄地我走了，正如我悄悄地来"。这时候，我也会凑上几句："大江东去，浪淘尽，千古风流人物。"我们一起晨宣，我们一起跑操，或者我们一起高歌："风在吼，马在叫，黄河在咆哮……"

青春像每一个朝暮，是美丽的。无论是在百花齐放的春日、烈日炎炎的夏天，还是层林尽染的秋日、大雪纷飞的冬季，我都沉浸于孩子们成长的诗书年华里，找到了自己年轻的记忆，追寻昔日的梦想，分享孩子们成长的快乐。

鲁迅先生说过：教育植根于爱。

每一份取得的成绩，都汇聚着每一滴家访的汗水。每一次家访，都在涤荡着我的灵魂。有一种翘盼叫乡人的眼神，有一种憧憬叫山外的世界。

每一份取得的成绩，都隐藏在一次次没有硝烟的月考后面。对于孩子们每次考试过后流淌的眼泪，我都感同身受。于是我千方百计找到了问题的症结：有的学习方法不对，有的家里父母关系不和，有的压力过大，有的手机网络成瘾。

每一份取得的成绩，都汇聚在高考前的每一句问候中。每每毕业前，我都会在脑海中搜索着一个个励志的词语，在我用心制作的每一张明信片上，写下一条条暖心的祝福。

每一份取得的成绩，都不能与高考志愿的填报相分离。老师："我是选学校好还是选专业好"，"我很犹豫是去东北还是南方"，"我想报考医学专业将来救死扶伤，""我想着一身戎装保卫边疆"，"我情系远山，毕业后想到山区支教"。

十七年，弹指一挥间。回首来时的路，我无悔当初的选择。

在前行的道路上，我一直在思考：什么样的课堂才是高效的课堂？什么样的教育才是家长和学生满意的教育？如何培养学生健全的人格？所有这些，都应遵循教育应该具有的本真。

我国教育家夏丏尊有句名言："教育上的水是什么？就是情，就是爱。教育没有了情爱，就成了无水的池，任你四方形也罢、圆形也罢，总逃不出一个空虚。班主任广博的爱心就是流淌在班级之池中的水，时刻滋润着学生的心田。"

是的，在教育的路上，想想桃李不言下自成蹊，想想给孩子们一滴水他们会还你一片海洋。于是，我犹如雨中登泰山，有雨趣而无淋漓之苦，这便是我认为的教育之乐！

李鹏

2022 年 5 月于毕节

目 录

第一章　有大爱的教育 … 001

让缕缕春风吹进学生心田 … 002
溯鲲一班毕业寄语 … 006
约束，是为了飞得更高 … 009
我把评语送给你 … 012
莫让早恋之船靠岸 … 015
别伤害学生自尊心 … 020
高考那些事 … 024
防治校园欺凌，创建美好校园 … 029
善意的谎言 … 034
特别的爱给特别的你 … 038
做人，从感恩开始 … 043

第二章　有智慧的教育 … 052

关于两组教材图像的解答 … 053
巧借漫画培育核心素养——以人教版高中政治教材部分漫画为例 … 057
思维导图教学模式在高中思想政治课堂中的应用 … 062
打造线上与线下相融合的高中思想政治课堂教学 … 067
改善教学方法　提高高中政治课堂效率 … 072
问题意识——如何在高中思想政治课堂中培养问题意识 … 076

1

用新颖的课堂导入激活高中政治课教学 …………… 082
源头活水：即兴演讲 …………………………………… 087
班级小组建设这样建 …………………………………… 091
班级质量分析会召开技巧 ……………………………… 097
教材与时事的完美对接 ………………………………… 101
《伟大的改革开放》教学设计 ………………………… 103
源于生活，高于生活——高中思想政治如何实行生活化
教学 ……………………………………………………… 110
新时代背景下借力互联网聚焦思政课思维能力和核心素
养细节 …………………………………………………… 115
习惯养成在文科综合解题中的重要性 ………………… 120
我当了一次侦探 ………………………………………… 123
考前心理调适 …………………………………………… 127
小故事，大哲理 ………………………………………… 129
一张"假币"引起的思考 ……………………………… 136
心理效应在班级管理中的运用 ………………………… 140

第三章　有信仰的教育 …………………………… 146

"习语"润心灵，探索新实践 ………………………… 147
爱拼才会赢——第 20 届女足亚洲杯夺冠的思考 …… 150
开展党史教育，树立人生信仰 ………………………… 154
坚定成长步伐，传递红色信仰——让红色文化与教学
同行 ……………………………………………………… 157
唤醒学生沉睡心灵的晨宣 ……………………………… 161

"霸王花"在强军梦中绽放 …………………… 164
基于学科核心素养构建高中思想政治活动课堂 …… 166
阅读训练：区域协调发展战略 …………………… 170
维护国家安全，你我携手同行 …………………… 174
高中思想政治教学中贯彻"三观"教育的重要性 …… 179
在练习题目中构建核心素养——中韩交接遗骸，志愿军烈士魂归故里 …………………… 184

第四章 有诗意的教育 …………………… 187

班级寄语：润物细无声 …………………… 188
古诗词的豪迈，报国情的赤诚 …………………… 191
我给班级取个名 …………………… 194
白头鹭·使节 …………………… 198
布谷之声 …………………… 199
端午杂叙 …………………… 200
反比例 …………………… 202
归途 …………………… 204
读坚强 …………………… 206
话一 …………………… 208
怀念"六一" …………………… 209
怀疑一条鱼 …………………… 210
检索母爱 …………………… 211
借我一缕阳光 …………………… 213
宅情 …………………… 214

腊梅香自四合院 ……………………………… 215
老屋 ……………………………………………… 216
莲叶与父亲 ……………………………………… 218
两只蚂蚁 ………………………………………… 219
且听风吟 ………………………………………… 220
三月 ……………………………………………… 222
石榴花开 ………………………………………… 224
四叶草 …………………………………………… 225
写进自然的生命 ………………………………… 227
雪趣 ……………………………………………… 229
一棵玉兰的坚守 ………………………………… 231
一只喜鹊 ………………………………………… 234
一个梦，一个人 ………………………………… 235
致银杏 …………………………………………… 237
一路风景一路歌 ………………………………… 238
一头不死的牛 …………………………………… 240
雨的记忆 ………………………………………… 242
再写腊梅 ………………………………………… 244
执拗的蒲公英 …………………………………… 246
最美的声音 ……………………………………… 247
致溯鲲 …………………………………………… 248
致我魂牵梦绕的母校 …………………………… 251

后记 ……………………………………………… 254

第一章　有大爱的教育

　　教师的爱是滴滴甘露，即使枯萎的心灵也能苏醒；教师的爱是融融春风，即使冰冻了的感情也会消融。

——巴特

"四有"教育

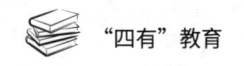

让缕缕春风吹进学生心田

教育上的水是什么？就是情，就是爱。教育没有了情爱，就成了无水的池，任你四方形也罢、圆形也罢，总逃不出一个空虚。班主任广博的爱心就是流淌在班级之池中的水，时刻滋润着学生的心田。

——夏丏尊

自参加工作近18年来，我以"潜心奉献于黔西北的民族教育事业"为目标，以"既然选择了前行的目标，就要风雨兼程"为座右铭，严格要求自己，始终用自己的行动践行着党的教育方针。爱岗敬业、勤奋踏实、追求上进、创新发展，努力在工作中做好自己的本职。不忘初心，牢记使命，是我不改的诺言。

2005年，毕业于贵州师范大学的我，走出校园后就一直担任高中思想政治教学并兼任班主任工作。我来自农村，做一名合格的教师是我从小的愿望。但当我真正走出大学的校园进入岗位时，我既兴奋又茫然，因为当我面对这样一个神圣的职业时，我不知道从何下手。说起自己苦苦追寻的梦想，我总爱陷入童年的回忆。我知道教育对于农村孩子来说是何等的至关重要，因为教育能改变一个孩子，甚至改变一个家庭。我常常想：在孩子们一片心灵的净土上，应该踏实做人做事，用心做好教育。

任教的这么多年，遇到的学生类型可多了，从不偏袒一个优生，也不另眼看待一个差生，每一个学生都应该享受到公平的待遇，得到老师公正的眼光。我认为一个班级就是一盘棋，每一个棋子都有它不可消去的作用，没有谁知道每一个棋子下一步演绎怎样的精彩人生。为人师者应该用心去教育，关注每一个学生的心灵，了解他们并帮助他们，让那些迷茫的学生尽快从泥潭中走出来。

我始终认为，幽默风趣应该是老师们在教育教学中不可或缺的元素，这能让学生感觉到你的课堂活跃轻松的氛围。还记得几年前毕业了的学生给我来信说，上我的课感觉就像是在玩耍，很有乐趣，没有什么压力，感觉时间很快就流走了。是啊！教无定法，每一节课，播放视频、讲故事、辩论赛，等等，形式多样的课堂都会让学生印象深刻。

的确，活跃的课堂是提高学生学习效率的一种方式。因为活跃的课堂，不拘泥于教条，可以调动学生进入课堂的积极性，还能让学生感到一定的自由和无限的乐趣。让学生爱上什么样的课，首先就要让学生喜欢什么样的老师。严而有序的课堂能够让学生享受轻松、体现自我存在的价值，同时又践行了新课改理念。此外，学生小组合作学习，可以让课堂妙笔生花。

2014年，我担任了高三（2）班的班主任，高考头两天晚上，我买了许多西瓜带到班上。希望学生吃了红红的西瓜后，带来鸿运，考上理想的大学。

"四有"教育

我总认为，毕业班备考期间，要抽更多的时间陪着他们，给他们加油打气，疏导他们的高考压力。因为高考除了考查学生的课本知识是否到位以外，还考验一个学生的心理综合素质。所以作为一名教育工作者，不仅给学生丰富的知识，还应当给他们坚强的心理。

学生私底下都喜欢叫我"鹏哥"，我不介意这样的称呼，我认为学生和我之间除了师生关系还可以是兄弟姐妹。用心去亲近学生，学生才会用心向你倾诉他们的内心世界。

长江后浪推前浪。邀请毕业了的学长学姐为在读的学弟学妹拍摄祝福的视频，是我每一届毕业班的日常工作。听别人的故事，想自己的人生，这样做既能让学生放松高考压力，同时也能激励他们对大学的向往。

拥有良好的备考习惯，让即将参加高考的学生懂得应有的答题技巧。我利用自己的空余时间收集规范答题的相关资料，并将它们一一做成展板，在学校进行展示。规范答题至关重要，书写规范整洁的答卷，让人赏心悦目。

对学生的大爱，可以是一句问候，可以是一个微小的动作。2008年毕业的小相同学来信说：老师，还记得高二那年发生汶川大地震，我们正准备上课，投影仪在抖，教室的玻璃也在轻微地发出声音。您自己没有冲出教室，而是站在讲台上疏散同学。我觉得一个能在大是大非面前做出这样选择的老师是难能可贵的！老师，您用实际行动告诉了大家，关爱学生和爱护学生也是教育者的使命之一。衷心祝福老师身体健康万事如意，祝更多的学弟学妹在您的带领下走进理想的大学！

每当这个时候我会说:"我只是一缕春风,从你身边轻轻走过,给你带来春的快乐!"

"四有"教育

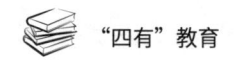

溯鲲一班毕业寄语

21届溯鲲一班的同学们：

　　时间过得真快，转眼你们就像鲲鹏一样，长满了丰厚的羽翼，终于要单飞了，舍得舍不得，这一天终于到了。

　　当我把全市政治优质课组织完成三天两夜后，当我从市区融媒体中心搞完高考直通车直播回来，你们整整齐齐的掌声，把我的思绪拉回从前。

　　于是，我回忆的思潮，在放纵地奔流着……

　　还记得分班之际，我们为了取一个很好的班级名字进行轰轰烈烈的票选。投票时那些可爱的名字、票数以及对它们的诠释，我依然清晰地记得：

　　旗舰一班17票；招摇一班9票；明德一班8票；有为一班16票；北极星一班13票；溯鲲一班45票；青骓一班35票；瑾瑜一班24票；赤竹一班26票；猎人一班15票；秋鹤一班9票；铁戟一班1票。每一个名字的背后都是大家小组集体智慧的结晶，而且都附上了所取名字的文化背景。

　　最终溯鲲一班脱颖而出。

　　三年来就是这个可爱的名字，让我们铭记青葱岁月里的每一个难忘的故事，运动会时我们一起在绿茵场上进行人生的接力，还有我们在千水岩一起拓展训练时，集体受到惩罚时哭红的双眼。最难忘的是我们从学校集体出发，步行到金海湖体育运动学校长达 24 公里拉练时的青春足迹。

还是这里，溯鲲的教室里，你不会忘记我们每一位老师黑板上循循善诱的背影，你不会忘记老师们无言的粉笔在头顶上书写的春秋，你不会忘记老师们在每一次月考后办公室里的语重心长，你不会忘记每一位同学生日时讲台上一次又一次响起的《生日快乐》乐曲和大家为你送出的祝福。

还是在这里，我们一起同窗共读亲如姊妹：书海里的困惑，我们一起解读；生病时，我们一起在通往医院的路上相互搀扶；寝室里，我们彼此分享着来自家乡特产的味道。可是明天，我们的友谊之船就要远航。无论天之涯海之角，我们都要把这份纯真的友谊珍藏。纵使离开，我们溯鲲一班一刻也不会分离，因为我们的心永远紧紧在一起。

还是在这里，你们乖如天真无邪的小伙计，你们没让我操太多的心憋多少的气，所以我的健康还算满意。谢谢你们三年来一直对我给力的支持和始终如一的信任。

我也有太多的瑕疵。今天，在大家即将离别之际，请接受我最真诚的歉意：

对不起同学，请原谅我对你那一次抽烟的呵斥，原谅我是个急性子。

对不起亲爱的同学，请原谅我高二时整体调位置的武断，原谅我对问题欠缺周全的考虑。

对不起亲爱的同学们，如果我对溯鲲一班的管理不尽人意，请原谅我的管理不够精细。

此刻，我有太多的对不起和希冀。

"四有"教育

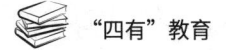

　　希望你成为一个有责任有担当的人。不忘初心,方得始终。只有记得来时的路才能知道接下来要走的路。心中有火,眼里有光。砥砺自我,不负韶华。

　　明天,你们即将高中毕业。祝福你们能够拥有美好的人生、辉煌的前程,祝福你们所有蓄过的力都会绽放成理想的七彩之光。祝福我们溯鲲一班在未来的征程中,一路所向披靡,祝福我们一班12位男神越长越帅,49位女神永远漂亮动人,祝福大家身体健康万事如意。

　　无论沧海桑田斗转星移,别忘记我们都是溯鲲一班的一员。无论何时,无论何地,请别忘记常回家看看,这个家随时欢迎你回来,她的名字叫溯鲲。

你们永远的班主任:李鹏
2021.6.3 晚

约束，是为了飞得更高

2020年春季，新学期开学在即，然而新冠肺炎疫情还没有解除，根据上级教育主管部门停课不停学的要求，决定把课堂搬进学生家里，让学生通过网络进行线上听课。

当时，可以进行网络听课的途径主要有两种，有线电视收看"空中黔课"，智能手机"动静贵州"App也可以收看。然而，我矛盾的心情马上来了，我的班级绝大多数孩子均来自边远山区的农村，哪儿来的有线电视。如果借助手机App进行收看，孩子们哪儿来那么多的流量费用。

与其担忧不如马上对学生进行调查，我找来所有学生的电话号码逐个进行拨打，真的是不问不知道，一了解吓一跳。

学生A：老师，我家没有有线电视啊！

学生B：老师，可能是网络用户太多，我用手机看太卡了啊！

学生C：老师，我家正在农忙栽洋芋啊！我在和爷爷奶奶在地里干活啊！不信，您听听我旁边的树林里还有鸟儿的叫声。

学生D：老师，我家这里的手机信号弱啊！我现在听起您的电话都是断断续续的。

学生E：老师，我每天都是骑摩托车到山顶上去听网课，山上的信号好一些。

……

接下来的那一晚,我彻夜难眠,全班同学不可能有的听有的听不到网课啊。如果是这样的话,那些平常基础一般的同学不是会落下较大的差距吗?这些来自大青山的孩子,本来好多就比较内向和自卑,如果不想尽千方百计他们能够听到网课,那么等到新学期到来的话,他们肯定会因为和其他同学有距离,变得更加敏感。这样一来,我前期对他们做了的大量思想工作就前功尽弃了。那么,当务之急是什么呢?

天明时分,我急急忙忙地把班级遇到的这些特殊情况打电话给学校领导反映。我还清晰地记得,我当时反映的时候声音哽咽了。

后来,在学校的协调下,当地广电网络公司尽最大的努力,对有的学生家庭进行机顶盒的发放、安装。移动公司尽可能地确保信号覆盖到更宽更广的位置。

我还清楚地记得,有位学生告诉我,为了每一天的网课都能同步,同时考虑到因流量带来的费用问题,他每天都在村长家房前屋后蹭 Wi-Fi,他在电话那边笑了,我却在电话这边流下了眼泪。

哈佛大学有一句校训:今日事今日毕。为避免学生把学习任务堆积起来,我和各位科任老师一致要求学生,把当天的作业在当天晚上 12 点以前上传钉钉办公群,并请相应的老师进行批阅。

可是,还是有学生无法办到,理由是白天他们要和爷爷奶奶栽洋芋,如果白天用来听课,那么爷爷奶奶当年就会失去应有的农作物收成。本着原则性强灵活性要够的原则，我对这样的学生开了"绿灯"，允许他们的作业可以晚点儿交，但是绝对不可能不交。

然而，我还是有我顾虑的问题，那就是学生交上来的听课笔记，万一他们没有听课却对我进行线条式的敷衍，或者彼此之间抄袭作业呢？于是，我再次和科任老师们达成一致意见，针对雷同卷式的作业，打回让学生重做。就这样，雷同卷慢慢地少了，优秀的作业越来越多了。

后来，每当同学们谈起这一段难忘的时光，都感慨良深：他们学会了自立，学会克服，学会了诚信。

是的，记得电视里有幅配图为放飞风筝的公益广告：约束，是为了飞得更高。

"四有"教育

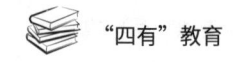

我把评语送给你

教师对学生作业的激励性评语,有利于激发学生的学习热情,能够达到润物细无声的效果,能够激发学生的内生动力。当然,教师评语要"因地制宜",针对浮躁的学生,不宜过于褒奖,导致其"骄兵必败";针对平常内向的学生,要用教师会说话的笔尖激起学生内心的涟漪。当然,对于大多数学生,评价方式也得具有针对性。

评价是门艺术。评价语言可以是大白话,可以是散文式的倾吐,也可以是诗词歌赋。这样一来可以避免千篇一律,二来可以在无声的交流中达到美的教育。在2020年的初春,受新冠疫情的影响,贵州省中小学生停课不停学,学生在线听课,教师则利用网络方式给学生线上布置作业并进行评改,以下是笔者对学生的一些评语。

飘飘:字如其人,飘逸自然。将来,一定要走出去,因为等你的有诗和远方!

媛媛:谁说规整的方块字体是领领的专利,谁说天下没有两片完全相同的树叶,我找到了!是你,班长!相信你,班长!

圆圆:你用两种不同颜色的画笔勾勒人生,知识点的迁移,备注栏里的提示,每一个中国汉字的点横撇捺,都好像在告诉我,你不是在用笔答题,是用心答题!向前跨越,像你的

第一章 有大爱的教育

名字，书写圆满人生！

舟舟：态度认真端正，如果说真要挑刺，请在书写上加把劲，用你的完美书写加上你动听的嗓音，定会演奏华丽的乐章！

娟娟：有人说，英语不好学，于你，这是谬论。有人说，数学好学，于你，可能是夸张。我想说的是，如果你们彼此互换时空角色，你顿时会发现，其实，彼此都有自己的围城，敢于尝试跳跃，在数学和英语之间，你不仅能学好英语，还能把你认为难学的数学学好。正所谓：鱼和熊掌，你可以得兼！

琳琳：从理科班转过来的你，我一直很担心，担心你是否适应文理角色的转变，担心你欠缺的文科知识，甚至担心你会错误地以为文科随便背背就吃得消。可是，随着时空的迁移，你的网上笔记一次次地告诉我：我先前的担忧，被你认真的笔记否定了。坚持就是胜利！琳琳，加油！

超超：当我批阅到你的作业时，我二年级的孩子跑过来，说了一句：这个字好丑，还没有我写得好啊！我说：宝贝，这位大哥哥之前给我发过短信，告诉我他的手不小心受伤写不了作业了。可是这个哥哥连续几天的作业都认真完成，你可以想想哥哥在书写的时候的费劲和执着。孩子说：我给哥哥点100个赞！

丽丽：每每改到你的作业的时候，我就想到你听课专心致志的样子。每每改到你作业的时候，我就想到你字如其名：美丽！每每改到你的试卷的时候，我就想到：将来的你一定感谢曾经拼搏努力的你！祝福你！小丽！

"四有"教育

红红：你的孜孜不倦和默默无闻，在笔记上书写漂亮的风景。你一次的笔记，感动无数次的我。越努力越幸运！红红加油！

斌斌：你的书写进步很大，你的聪明才智如果全部放在学习上，等你一旦觉醒，全班人将会为你一震！相信你！

梅梅：你虽然话不多，但是我知道在你心灵深处，有泉水叮咚的吟唱，有四季如春的风景。加油！梅梅！你是最棒的！

雪雪：我知道你懂得山外的世界很精彩，我知道你热爱苗家村寨的风情，我更知道，你在山外的世界和多情的故乡之间，一直在求索！你的未来不是梦，小雪！

阳阳：说真的：这次笔记感动了我若干回，你用实际行动向我证明，你已经领略了书写的乐趣和汲取知识甘霖的愉悦！借汪国真的话与你共勉：你若有一个不屈的灵魂，脚下就会有一片坚实的土地。

敏敏：你大气的书写、扎实的基本功、良好的心态、做人的格局，让我知道宁静致远的内涵！加油！

静静：一路从四川赶回来，一路载着爸爸妈妈的叮嘱，怀揣着梦想，我们在班级群里再次相遇，看见你的作业，我就想到一年多后，你一定会收获奇迹！

江江：你书写的风格，更加坚定我看好你的信心，不错。送你一首包含你名字的小诗：日出江花红似火，春来江水绿如蓝！

莫让早恋之船靠岸

所谓早恋，就是过早的恋爱，即生理上和心理上均未成熟的少男少女，由于性意识的萌发而对异性产生了特殊的情绪体验，并有意识地爱慕异性的行为，早恋通常缺乏思想情感方面的考虑。早恋所产生的后果是弊大于利，我们不应该让带有露珠的花蕾及早地绽放。因此，作为教育工作者尤其是班主任老师，在处理中学生早恋问题上，起着十分重要的作用。当然，这类比较棘手问题的处理，也需要班主任非常注意处理的艺术和技巧。

一、书信往来法

俗话说：亲其师信其道。班主任老师要相信自己的学生。在面对学生早恋的时候，不要动不动就先说什么怎么谈恋爱了，甚至谩骂，这些做法有碍师生之间更进一步的沟通和交流。如果换一种委婉、关心、呵护的语气，可能会收到意想不到的结果。我曾经用书信的方式处理了好几对关于早恋的事情。因为采用书信的方式，可以有效避免因师生面对面地交流，学生不好意思从内心深处说出自己真实话的现象。

曾经，我在给一位早恋的同学这样写信：同学，在提笔之前，老师想说的是，关于你和张同学的早恋，恋爱没有对错之分，因为我们都是有血有肉的高级动物。人非草木，孰能无情？但是在时间节点上我们应该错了。我曾经看过一篇高考获得高分的文章，文章的题目叫作《青苹果红苹果》，叙述了男主人翁和班上某位同学在一个夏天，在一棵苹果树下第一次约会的故事，他们各自摘了一个青苹果吃了一口就丢了，因为苹果是酸涩的。当秋天的一个周末，他们依然来到这棵苹果树下，这一次他们尝到脆甜的苹果。再后来，男女主人翁都分手了，因为他们彼此都明白，原来青苹果似乎是他们的早恋，红苹果才是有了事业的爱情。

有位男同学曾给我这样的回信：老师，真的让您费心了。说句实话，自从和她认识以来，我们的关系超过一般同学情的友谊。每天在上课的时候，我一会儿看看黑板，一会儿看看她在认真听课没有。还没有等到放学，我就在想今天中午在食堂给她打什么菜，这种菜是不是她最喜欢吃的，她能吃饱吗？有时候看见她莫名其妙地对我生气，我就仔细回忆当天是哪一句话得罪了她，看见她不开心的时候，我就在想我又做错了哪一件事情。甚至在晚自习放学后，我都为了讨好她给她去开水房打热水。正是由于以上等等原因，我无心学习，精力疲惫，成绩一落三丈，我觉得我好无助，我觉得对不起老师，也对不起关心我的家人。

就是在一封封来信中，我找到了和学生彼此敞开心扉的载体，让学生放下身上本不应该有的思想包袱，把所有的精力都放在读书学习上，乘着花儿与歌声的翅膀，在书海泛舟，到达梦想的彼岸。

二、诗歌感化法

诗歌是以形象思维为主体的文学作品。诗歌以其独有的抒情方式、高度凝练的语句,集中反映着社会生活,直接而又形象地告诉人们应该怎样认识生活,怎样面对生活,怎样创造生活。以下部分诗歌的学习,既可以达到对中国优秀传统文化的继承和发展,又可以让学生辩证懂得什么才是真正的爱情。

我是天空里的一片云 / 偶尔投影在你的波心 / 你不必讶异 / 更无须欢喜 / 在转瞬间消灭了踪影 / 你我相逢在黑夜的海上 / 你有你的 / 我有我的 / 方向 / 你记得也好 / 最好你忘掉 / 在这交会时互放的光亮

——徐志摩《偶然》

不要轻易去爱 / 更不要轻易去恨 / 让自己活得轻松些 / 让青春多留下些潇洒的印痕 / 你是快乐的 / 因为你很单纯 / 你是迷人的 / 因为你有一颗宽容的心 / 让友情成为草原上的牧歌 / 让敌意有如过眼烟云 / 伸出彼此的手 / 握紧令人羡慕的韶华与纯真

——汪国真《妙龄时光》

总有些这样的时候 / 正是为了爱 / 才悄悄躲开 / 躲开的是身影 / 躲不开的却是那份 / 默默的情怀 / 月光下踯躅 / 睡梦里徘徊 / 感情上的事情 / 常常说不明白 / 不是不想爱 / 不是不去爱 / 怕只怕 / 爱也是一种伤害

——汪国真《默默的情怀》

记得一位心理学家曾说过："孩子们都是有强烈自尊的，无论是老师还是家长，首先是要尊重学生，然后与他们进行沟通，对早恋宜疏不宜堵，我们不能先入为主认为恋爱是十恶不赦的事，更不可因此对孩子有过激行为。"诗歌的巧妙运用，能唤醒一些试图早早坠入爱河的心灵，让他们懂得真善美与假恶丑，树立正确的审美观，懂得人与人之间的正常交往。

三、家庭亲情法

家庭教育在孩子的教育中处于第一位，家庭是社会的基本细胞，是人生的第一所学校。不论时代发生多大变化，不论生活格局发生多大变化，我们都要重视家庭建设，注重家庭、注重家教、注重家风，紧密结合培育和弘扬社会主义核心价值观，发扬光大中华民族传统家庭美德，促进家庭和睦，促进亲人相亲相爱，促进下一代健康成长，促进老年人老有所养，使千千万万个家庭成为国家发展、民族进步、社会和谐的重要基点。

有人说陪伴是最长情的告白，所以在孩子处于人生青春期的关键时刻，家长一定要抽出时间来和孩子沟通交流，和孩子多谈心，了解他们内心真实想法。理解并尊重孩子的情感变化，不要给孩子扣上各种消极的帽子，更不能对孩子进行打骂和威胁。甚至有的家长把孩子对异性有好感当成是洪水猛兽，把早恋等同于道德败坏，这样的看法是不对的，也是不可取的。相反，父母一定要教会孩子学会一些必要性知识，让孩子知道无论发生什么事，父母都是孩子最可靠的港湾，这样可以有效防止孩子因为失去家庭的关爱而出现青春期早恋现象。

最后，我想起了苏霍姆林斯基在《爱情的教育》的几句话："尊重、关怀、细心、掌握分寸等原则在这里具有决定性意义。爱的情感的产生，犹如含苞待放的花，它是长成芳香的玫瑰还是带刺的飞帘，这有赖于我们教师的爱护和教育。当然可以把它剪断或连根拔掉，但这样做就会严重伤害一颗敏感的心，一株新发的幼芽就会长成畸形。""对学生的精神生活和他们的隐秘角落采取粗暴的态度，最容易从男女青年的相互关系中驱逐出一切高尚的、有道德的、明快的审美情感，并把爱情的生物本能的一面推到了首位，激起不健康的好奇心，使男女同学更加疏远，对交往产生一种难忍的恐惧症。""对待青年男女的爱情持轻蔑乃至嘲讽的态度，恰恰说明教师的教养水平低。"

"四有"教育

别伤害学生自尊心

　　法国著名作家雨果曾经说过:"世界最广阔的是海洋,比海洋更广阔的是天空,比天空更广阔的是人的心灵。"教师的心胸应该是宽阔的。生理上有缺陷的学生拥有更多的自卑心理。这种自卑的心理很脆弱,有时候老师不经意的一句话,却被这样的学生误读或者不理解,这样的语言就会被学生贴上"恶语"的标签。大家都知道这样的后果,显然是恶语伤人六月寒,这很不利于学生学习和成长。因此,教师在对学生的管理教育中,要学会三思而言,切忌不加思考地进行教学语言的组织或者发表自己的观点。

　　记得我校2018届全体高三学生在一次野营拉练活动中,天气炎热,路途遥远,在返回行进的过程中,我看见了一个走起路来一瘸一拐的女同学,出于关心和帮助的角度,我跨步向前问道:"同学,脚跛了吗?要不要找其他同学扶一下?""没事,老师,我的脚天生就是有缺陷的。""对不起,同学,我不是有意的。""老师,没事的,我知道你是关心我。"那一刻,我分明看见她满脸通红,双眼含着泪花,而我,羞愧得巴不得找个地洞钻进去。虽然一路上我和搀扶她一路行走的几个女同学谈励志的青春,谈张海迪的自强不息,谈演说家尼克·胡哲天生没有双手双脚,却凭借自己的努力,走遍全球五大洲,给了数百万人对于生命的力量,可是我的内心依然平静不下来,直到高三拍毕业照的那一天。女孩像往常一样的步伐向我走来,邀请我和她合个影,在照片上我们留下了微笑的瞬间。同学,祝福你的未来幸福,请再次原谅老师当初的无意。在后来的日子里,我在女孩班主任那里得知她考上了南方的一所大学,而且专业也不错。

一位同事告诉了我,他的朋友也犯过类似的错误。

这位老师性格开朗,课堂妙趣横生,幽默风趣的语言时刻赢得全班同学的阵阵掌声。在他那里我们也学到了不少的歇后语:两个哑巴睡在一头——找不到摆的;和尚捡到木梳篦子——无用;穿没底的鞋——脚踏实地;半空中的口袋——装疯(风);江边卖水——多余,如此种种。有一次这位老师在讲到课外阅读选择题的时候,有一道题目实在有难度、错误率很高,多数学生都没有把握,就采用了抓阄的方式进行选择。这个老师见此又来了一句歇后语:你们真是瞎子吃稀饭——乱糊。

同事说,当时他根本不知道班上有位看起来眼睛虽好却单只失明的女同学。我追问他得知,是多年以后女孩写了一封信给他,信中写到:老师,也许您带的班级较多,所以您不知道我是哪一个班级的同学,也许您教的届数较多,所以您不知道我是哪一届毕业的同学,甚至您也不知道我的成绩是好是坏、我是好学生还是坏学生、是否在您的课堂上违反过纪律,我清晰地记得您爱说歇后语,这不是您的错,您用这种方式使我们觉得您的课堂轻松愉悦。但是曾经有一次,您说瞎子吃稀饭——乱糊,就是这一句歇后语,我觉得当时

"四有"教育

您好像是在针对我,因为全班同学都知道我的有一只眼睛是失明的。就是您的这一句,我曾经有一段时间觉得生活黯淡无光,甚至一度产生了放弃学业的想法。要知道,您当时和全班同学的哈哈大笑,换回来的是我好几个晚上哭红的双眼。今天,我已经大学顺利毕业,并成功登上了一所山村小学的讲台当了特岗教师,我觉得师者最大的幸福就是老师快乐着孩子们的快乐、悲伤着孩子们的悲伤。当然,这些年我都已经走过来了,您也不要愧疚和难过,因为您是无意的。最后,祝您健康长寿!

是啊!师者最大的幸福就是老师快乐着孩子们的快乐、悲伤着孩子们的悲伤。每一个鲜活的个体都值得尊重,师者应该用仁爱之心去唤醒孩子们的上进心、自信心和自尊心,为他们排忧解难、清除自卑感,用热情和温暖鼓励他们心中装满阳光,善于发掘他们身上的亮点并扩大这些闪光点,让他们快乐健康地成长。

人恒过,然后能改。写到这里,我情不自禁地想和大家分享以下两句话:

真正的英雄不是没有卑贱的情操,而是永不会被卑贱的情操所征服;真正的光明不是没有黑暗的时候,而是不会被黑暗所湮没。

——傅雷《约翰·克利斯朵夫》

真正的教育者,也不是没有失误,只是他总会从失误中汲取新的前进力量。几乎可以这么绝对地说,任何一个教育者在其教育生涯中,都会犯这样或那样的错误。

——李镇西《做最好的老师》

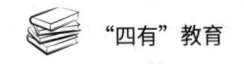

高考那些事

一、考前前夜

为避免高考睡过头考试迟到,我会建议学生在高考考前选择所在考点的旅店住下。

时间回到 2018 年 6 月 6 日。

早晨,我跑到水果批发市场,认真地挑选了桂圆、苹果、香蕉,分别意在"圆全、平安、睡得香",我把它们装在不同的纸箱里,放在我的车上。

为了给孩子们惊喜,我在班级群里发布信息:今晚我和大家有约,请各自告诉我你所在的旅店名称和位置。为了赶在晚上较早时候把所有的水果分发到同学们的手中,我还规划了周密的城区行车路线。

城市的街灯,温暖了傍晚时分的每一个行人。倒天河潺潺的流水欢快地歌唱。汽车的马达嗡嗡作响,犹如蜜蜂快乐的节拍。风儿轻轻地吹拂着河边的槐树,槐花慢慢地醉了这座喧嚣了一天的城市。

"老师,我们在这里,您看我们在马路边挥手。""老师,我们在这里,您看见了没有?我穿了一件白色的 T 恤。""老师,您往右手边有块大广告牌这里看,就看到我了。""老师,我们总共有四个人,不患寡而患不均,请您多拿一点喔!"

我的微信语音响个不停。

等我拖着疲惫的脚步回到家时,已是深夜,老婆和孩子早已进入了梦乡,月亮也准备靠山休息了。我打开手机,看见孩子们已经在班级群里晒各种水果拼图。有如大拇指点赞之势的,有如生花之笔的,有如圆满句号的,还有像数字150的。那一刻,我笑了!

二、送考

自从参加工作以来,对我所带高三毕业班的学生进行高考送考,这已经成了我的惯例。

在高考这两天,同学们有的生怕晕车,所以选择走路到达考场;有的想呼吸早晨新鲜的空气,邀上几个要好的同学,同样选择走路到达考场;有的为了心里坦然,选择乘坐我驾驶的私家车,和我早早地到达校外的考点。

在考点的门口,我和几位同事早早地把事先制作的鼓励布标举起。这些标语:"志当存高远,美丽下一站""与幸运同行,与希望同在""扬帆起远航,不负青春梦""执幸运之笔,答满意之卷""满怀豪情奔考场,一路高歌壮人生"。

我和带队的老师时而和迎面而来的学生击掌加油,时而和学生轻轻拍拍肩膀增强自信,时而让学生从布标下面穿过喻为鲤鱼跃龙门,时而从口袋里取出煮熟的鸡蛋,时而对学生某个知识点的困惑进行瞬间性的答疑。

每年的送考总是留给我太多的记忆,那时的天很蓝,树

"四有"教育

上鸟儿的叫声好清脆,路上的家长和考生们脸上都露出了笑容,似乎都在夏天的日子里等待秋天的收获,连同学们的来信都是那么的亲热。

老师:非常感谢您对我的关心和关注,在高考那天,看见您熟悉的面孔,就想到了平常您在讲台上熟悉的身影,还有您对知识点的演绎推理,一切都那么历历在目。于是,内心再次坚定了前行的路。

老师:高考那天,看见励志的标语,你们的微笑,还有熟鸡蛋,我觉得那是人生最大的幸福。

老师:在我的人生中,和您的那一个击掌是我永不忘记的记忆。它是那么有力,那么有温度,使我走进考场的步伐多么矫健,使我在考场上发挥得那么轻松,我从来没有这样的感觉,谢谢您!

高考,的确是一场没有硝烟的战争。我想,作为科任老师兼班主任的我,以及很多像我这样的一线教师,应该是学生有力的后勤保障。有人说:"陪伴是最长情的告白,每个人都会说,可你真的懂这句话的意思吗?陪伴不只是用嘴来说,更重要的是身体力行,陪在学生左右,陪他们哭,陪他们笑,陪他们看高考考点最美的风景,陪他们赢得成功的人生。"

三、志愿填报

免费填报志愿是我给我每一届毕业班必上的一堂课。俗话说得好：考得好不如填得巧。每每想到孩子们读了那么多年好不容易考得一个满意的分数；每每想到性格决定命运，让孩子们未来拥有自己喜欢的有兴趣的职业。往往在这个时候，我都会出现在孩子们的面前。

"我担心我的分数够不上"，"我很犹豫是到东北还是南方"，"我想报考医学专业当一位白衣天使"，"我想穿一身戎装保卫边疆"，"我想选择民族大学，毕业后到边远山区支教"。像这样的话语，对我来说，已经在耳畔回响不知多少遍、重复多少年。

于是，我又一次拿起志愿草表，认真分析考生的高考分数和位次，帮他们"立算式"、绘表格，谨慎地分析每一组数据，力求考分不浪费，精准地填报每一所大学。

"老师，请您看看我的这所工科院校如何？有无硕士培养点？""老师，这所院校的伙食怎么样？""老师，这所大学的综合排名位居全国第几？""老师，这所大学有无彝语苗语双修的专业？"

七月的天气很热，而我的心情胜似喝了西瓜汁。因为我把我的志愿分析和建议给孩子们讲得很透彻。

"结合你的性格兴趣爱好，你的志愿就这样愉快地定了。""这个专业相对冷门，可否换一换其他专业。""这所大学不仅可以学彝语，还可以修柬埔寨语，将来可以更好地服务于一带一路建设。""你想把青春的热血洒在三尺讲台,那就选择免费师范院校吧!""你的念家情节太明显,就把你的大学梦选择在相对近一些的省份吧!"

  模拟志愿填报的草表我用了一张又一张,考生自己把志愿改了一遍又一遍,前来咨询的学生一波又一波,夏日的餐巾纸用了一沓又一沓。可是,想到学生前程似锦,想到我守望的园圃桃李即将灿烂如花,我就睡得酣畅淋漓,直到朝阳射进我的窗户。

防治校园欺凌，创建美好校园

近年来，校园欺凌事件是社会各界人士关注的焦点，这类现象性质恶劣，严重影响社会风气。现在针对中学校园欺凌现象发生的原因提出防治校园欺凌的三点对策，共同创建美好校园！

一、中学校园欺凌现象发生的原因

校园欺凌是指学生在校内外通过肢体、语言及网络等手段对另一方实施欺负和侮辱，对另一方造成身体、心理上的伤害。造成校园欺凌现象是社会、学校、家庭和个人多方面因素相互作用下导致的，校园欺凌对受害者的身体和心灵造成双重创伤，也会严重影响社会风气和学校整体纪律，整顿防治校园欺凌刻不容缓！

（一）网络因素

众所周知，中学生正处于建立良好的价值观阶段，他们对事物还没有明确的分辨力，很容易受到周边事物环境的影响。现在网络信息发达，使我们的生活更加方便快捷，但凡事都有双面性，网上信息鱼龙混杂，大部分信息未经过细致的筛选，这就容易导致青少年间接受到一些负面信息的影响，这些负面信息会给他们初步成型的价值观和思想道德观带来严重冲击,并潜移默化地影响着他们的行为举止!青少年身心尚未发育成熟,对事物认知也不全面,在了解某些负面、暴力、粗俗信息后,甚至会主动去模仿!

另外,目前大家还没有太重视校园欺凌现象,对此也不是很了解,以为只有身体受到伤害才算是校园欺凌,忽视了在心理上造成的欺凌现象,譬如一些侮辱性言语,说男生是"娘娘腔",女生是"女汉子",这些都是人格上的侮辱,但不少人却忽视了言语上带来的欺凌和伤害。

(二)校园因素

校园欺凌事件多是在学校发生,这一现象屡见不鲜,学校也有重要因素。大部分学校都过分重视学生成绩,忽视了对学生心理上的疏导和教育,使学生缺乏正确的自我认知,再加上网络信息的冲击,导致价值观很容易发生扭曲,以自我为中心,容易暴怒,甚至动粗牵连到其他人。

另外,学校的监管力度也不到位,学校面积大多有盲区和死角,巡视保护工作不够完善,导致一些校园欺凌者有机可乘,公然利用学校盲区对受害者进行欺负侮辱!除此之外,有些学校处理校园欺凌事件的态度,多是口头批评教育,不会曝光校园欺凌者,并没有进行认知根源上的教育处理,这也是导致校园欺凌现象的重要因素。

二、防治校园欺凌的对策

（一）净化网络环境

每个人成长都会受到家庭和学校的影响，现在网络信息发达，给青少年带来的影响也不容小觑。网络是虚拟的，每个人都可以在网上畅所欲言，这也导致了一些为牟取利益的人利用网络传播影响青少年健康成长的负面、不健康的信息，譬如传播一些暴力视频，传播散布谣言和粗俗不良文化。

为了给青少年一个良好的文化环境和氛围，防治校园欺凌，共创美好校园，应该加强网络监管，实名制上网，避免不良信息和谣言的传播。同时，应规范未成年人上网制度，避免他们在网络上花费太多时间，而顾不上学业。另外，社会各界人士在网络上也应该多传播社会正能量，积极传播正能量言论，切勿盲目跟风，煽动不实舆论，与他人交流时多理智思考，勿给他人造成心理上的伤害。

（二）加强校园管理

所谓教育，就是教书育人，学校应重视德育的重要性，中学生尚不成熟，人生观、道德观和价值观正处于建立完善状态，学校应对青少年及时进行正确的引导，注重学生的心理教育，健全人格。现在大部分学生都是被家长宠爱长大的独生子女，以自我为中心，不太懂得如何尊重他人，学校应教育青少年学会尊重生命和他人，在学生遇到矛盾和困难时，学校应及时引导学生如何正确地排解情绪、解决矛盾。

"四有"教育

除此之外,学校要做好普法工作,让学生意识到校园欺凌的危害性,一旦校园欺凌者对受害者造成严重的身心伤害,必将受到法律的制裁。对于欺凌者,应严肃对待,青少年成为欺凌者必定是价值观受到冲击导致扭曲,所以更应该纠正其不当观念,在进行心理疏导时,也应该叫其父母来学校共同解决,情节严重可直接交给警察处理,同时也应告知被欺凌者,受到欺凌一定要及时告诉老师、家长和警察,切勿忍气吞声,助长欺凌者嚣张气焰和校园欺凌之风!

学校要加强校园管理,对校园一些盲区死角进行巡逻监管,并且要建立严密的治理体系,杜绝校园欺凌事件的发生。此外,学校可以多举办一些积极向上的文化活动,让学生感受到校园健康和谐的文化氛围,譬如组织志愿者活动、公益活动、道德讲座,等等,学生参加这类正能量活动也会潜移默化地受到正面积极的影响。

(三)关注家庭教育

青少年是否健康成长,都深受学校和家庭的影响。父母是孩子的第一任老师,家长以身作则,在孩子面前展现良好的思想品德和素质,营造出和谐有爱的家庭氛围,对孩子的成长会起到积极向上的作用,孩子在待人处事上也会善良礼貌。但如果青少年处于父母关系不协调、家庭暴力是家常便饭的家庭,他们的心理是很容易造成扭曲,青少年正处于身心发展的年龄段,如果在家里长期得不到关爱,他们会将这种负面情绪牵连到他人身上,甚至施暴于他人。

第一章 有大爱的教育

所以，营造良好的家庭氛围，可以有效防止校园欺凌的发生。不良的家庭氛围容易让青少年情感缺失，产生不良的心理问题，养成不良的习惯，最终成为欺凌者。

青少年成长过程中，学校和家庭是密不可分的，学校应多关注家庭教育，及时与家长进行联系和沟通，让家长意识到德育的重要性，配合学校工作提高监护责任，给孩子树立良好的榜样。所以为创建美好校园，学校应和家长共同关注学生的学习成长。

在大家心目中，校园是宁静美好的一片净土，为了能让青少年们在这片净土里汲取知识、健康茁长地成长，我们应该从根本上防治校园欺凌现象，杜绝这一现象需要社会、学校和家庭的共同配合，才能创建美好校园！

"四有"教育

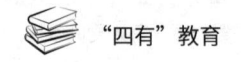

善意的谎言

生活中,善意的谎言可以让生活增添色彩。

——莎士比亚

在我从未间断过的18年的班主任经历中,基本上更多的时间一直和学生家长打交道。在资讯不太发达的年代里,我的手机里密密麻麻的储存着每一位家长的联系电话。再后来,有了其他通信平台,在我的通信软件里,基本上都有各届学生家长的联系方式,有的父母亲都同时加我,甚至哥哥姐姐也一并加入。

在与家长联系沟通中,最常收到的信息为:老师,我家孩子的最近的学习情况怎么样?听不听话?还在玩手机没有?还去网吧上网吗?在学校里谈恋爱没有?和老师抵触吗?孩子最近又给我们说学校收什么校服费,是不是他撒谎了?老师,我孩子认真完成作业吗?如果娃娃不听话,请您给我使劲地打,我们不会生气的。类似这样的话语,还有很多很多。

通常,对于这样的问题,在刚参加工作的时候,我会老老实实地回答家长。但是事情的结果往往不是我想象中那么简单,有的家长选择了极端的方式,回头就是给孩子一顿暴打。于是,有的孩子厌学,有的孩子选择了离家出走,有的

第一章 有大爱的教育

选择了外出务工。甚至有的家长选择了"陪读"的方式，天天盯死孩子的行踪，到头来孩子无异于戴着"紧箍咒"学习，效率总是不高，而且逆反的势头愈发不可收拾。

可怜天下父母心啊！作为家长，他们对孩子的期盼可以理解。但是他们选择的没有遵循教育规律的做法可取吗？我给他们如实的反馈可取吗？我能不能找到另外一些可以两全齐美的反馈方式呢？就在我冥思苦想的时候，我的手机信息来了："老师，您好！我是小兵的妈妈，麻烦您帮我收一下他的手机。这个孩子一点儿都不听话，手机也不给我们，手机在他的手里就像我心里长了一块生病的肉，我寝食难安啊！"

看着信息，我似乎听见他妈妈在电话那头哭泣的声音。我该怎么办才能解除小兵妈妈的心病呢？曾经听朋友说，小兵的爸爸性格很急躁。小兵没有主动交出手机来，我能对他强制搜身吗？我能请他的室友做"卧底"吗？我想尽了一切办法，同时又否定了一切办法。就在这时，数学老师打来电话：李老师，咱们班上的小兵没有到课堂。

我放下电话，看了一下时间，这节课已经开始五分钟了，这孩子究竟去哪里了？"老师，我孩子的初中就是被游戏玩荒废的，请您严管。"小兵妈妈的话不断在我脑海中回响。说时迟那时快，我的第一反应是，孩子应该在玩手机。那么，他现在在什么地方玩手机呢？他应该是躲起来的吧？那到底躲在哪里呢？

躲在厕所，我的第一感觉。我走出教师休息室，轻手轻

035

脚地来到厕所里。所有蹲厕的木门都是虚掩着的，这个孩子到底在不在厕所，如果在，那他到底在哪一个蹲位呢？

　　我没有急急忙忙去打开每一个蹲位的门，因为我怕打草惊蛇。等待。如果在厕所里，他一定会出来的。我足足等了十分钟，都没有任何动静。就在我即将离身想去教室看看情况的时候，咯吱，有个蹲位的木门打开了。正是小兵，他的整个脸都是红的。这个家伙"反侦察"能力特别强，早已把手机别在肚脐位置的皮带上，没有锁屏的手机的亮光，透过他的T恤，显得格外的刺眼。

　　我把孩子叫到办公室，这个点所有的老师都上课去了。我没有发脾气，也没有骂孩子。我知道这些做法应该无济于事，我换了一种方式。"小兵，我不怪你，因为我知道你最爱玩游戏，是你的黑眼圈告诉了我，你平常没有休息好，白天也没有休息好。你属于被游戏困扰的那一类，游戏不能说话，处于被动，而你属于聪明的那一类，能够学好各门课程的，处于主动。把手机给我，我不会给你家长打报告的。我们这样约定好不好：我给你妈妈说，你已经意识到手机对学习对身体的危害，主动把手机给我了，好吗？"

　　他犹豫了一下，还是把手机从怀里取出来，递给了我，屏幕上的游戏还在跳动着。"从今天开始，做一个远离手机游戏的人，抓紧时间学习，不负韶华，如果高考成绩优异，我把手机还给你，如果你还是没有改掉这个坏习惯，那我高考后把手机还给你妈妈的同时，我要向她谢罪，并告诉她我曾经和你一起欺骗了她。"

第一章 有大爱的教育

这个可爱的家伙,一下子脸色好看好多,并连声答应了我的要求。透过他坚定的眼神,我似乎看见了什么。

在班上,对于此事,我只字未提。夜晚,躺在床上,我重新把思绪梳理一遍,整理好手机信息发给小兵的妈妈:"小兵妈妈,不知怎的,这个孩子真的很听话很懂事,今天我上班会课的时候,给全班同学讲述不合理使用手机对身体和学习的危害,就在今天晚自习下课后,这孩子已经把智能手机交给我代为保管了,并答应我说要好好学习,将来考一个好大学。"

不到一分钟,小兵的妈妈发来信息:"李老师,太感谢了!终于铲除了我的一块心病。他就是爱贪恋手机又缺乏自控能力。这下好了,没有手机,看他是否有些进步,真的非常感谢您!悄悄道一声,打扰并劳烦您了!晚安!"

那一夜,我睡得很香甜!

有人说,这辈子所有的事情都需要时间,时间证明一切,时间代表一切,时间能够帮我们完成一切。很难忘记,小兵拿到高考录取通知书时给我的虔诚的鞠躬,很难忘记我把手机还给他的同时,他夺眶而出的热泪。那一刻,我所有的思绪都回到以前善意的谎言。

善意的谎言,在雨果与巴尔扎克砸碎笔筒的对话里,它让我们读懂情谊无价;善意的谎言,在罗斯福父亲替他悄悄夜里浇水的树根下,它让我们读懂了如山的父爱;善意的谎言,它让我们读懂永恒的真诚。

037

"四有"教育

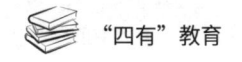

特别的爱给特别的你

　　只有在良心和羞耻心的良好基础上，人的心灵中才会产生良知。良心，就是无数次发展为体验、感受的知识，正是在它的影响下，必然会派生羞耻心、责任心和事业心。

　　又是一年一度的军训，我兴高采烈地来到了足球场。教官的操练声、同学的呐喊声，与九月的丹桂混合在一块儿，构成了一幅生机勃勃的开学场面。

　　"报告！老师，我们班上有一位女同学没来参加军训。"班长的表情很严肃。"叫什么名字，班长？""因为是开学第一天，我也不太清楚是谁没来，也不知道她叫什么名字，要不你先去教室看看吧！"

　　"是不是想挑战我班主任的权威？是不是想试探我的脾气？"怀着各种想法，我一口气跑到了教室，可是教室空空如也，碰巧在楼道上遇到了年级主任，我就把这个情况向他反映。"别急别急，李老师，我和你去训练场上看看！"

　　年级主任拿出手里的班级名单，和班长一一对了名字，大概对了一半的时候，年级主任对我说："我知道是谁没来了。"同时把我拉到操场的一个角落，和我聊起天来。

　　"鹏哥，是这样的，小易这孩子是上学期休学下来的，她患了严重的癫痫，现在她有可以返校的医院证明，考虑到你是老班主任，方法多多，就把这个孩子安排在你的班级了，以后请你多多关心一下,这个是孩子家长的联系电话。"年级主任的每一句话,都沉甸甸地压在我的心里。

我五味杂陈,拨通了家长的联系电话,电话那头,孩子的母亲用难过的口吻给我说明了孩子的具体情况,请求军训期间不参加军训,并且请求我对孩子多关心呵护。

挂断电话以后,我在想,晚自习的时候,该给同学们怎样介绍小易的目前情况呢?我该怎样委婉地说啊?因为我说过解释就是掩饰。

晚自习如期而来,教室里一片生机勃勃的军训服绿意。"同学们,今天是大家高中生活的第一天军训,俗话说,万事开头难,今天大家的表现非常好。可以毫不夸张地说,大家以后无论是做人还是学习都肯定是人上人,我们的一班也绝对是一个团结互助的班级。今天小易因为重感冒,所以本周的军训她就不能参加了,等她来以后,希望大家把军训期间所思所感所悟,和她一块儿分享。"我的话很坚定,也很委婉。

军训结束后开学的第一周,我就一直在想,该怎样请同学帮助小易呢?万一我提前安排布置,岂不是露了她的病情的马脚吗?正当我在办公室思考着这个问题的时候,班长急匆匆地跑进我的办公室。"老师,不好了,不好了,小易病倒了,现在正在地板上打着滚。"班长上气不接下气地说。

我飞奔着跑进教室,看见科任老师正在有序组织大家帮助小易,有开窗户通风的,有拿杯子接水的,有搀扶小易的。

我请了几位同学和我一起把小易同学送进学校医务室,第一时间打通家长的电话。家长到位以后,给我细谈了孩子

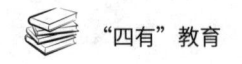

患病的原因、时间，以及怎样给她喷药吃药。

　　就在当天晚自习的时间，我召集了小易同学的小组同学、室友、部分班干部开了一个"专题会"，经过研究形成小易同学学习的"后勤"团队，给她筑起一道安全温暖的保障。

　　1. 班长统筹，遇到突发事件，及时和科任老师第一时间打电话给我。

　　2. 在寝室里，室友要明确知道小易所用的喷药放置的地方，懂得喷药的正确方法，且确保与此病无关的药物不要放在一起，以免误用。

　　3. 指定小组成员各司其职，有负责专业喷药的，有负责开窗户的，有负责倒开水的。

　　4. 指定班上力气较大的男女同学，负责扶送小易到学校医务室，或者把她扶上我的车送去医院。

　　5. 叮嘱全班同学，家事不能外传，仅仅只能是本班大家庭成员知道小易的情况。

　　6. 联系心理健康咨询老师，从科任老师的角度，定期和小易谈心。

　　7. 和小易的家长约定，不以成绩论英雄，只谈健康的重要性。

　　8. 指定小易认定的同学，以及所有老师一起帮助她完成因假欠下的功课的补习。

　　9. 联系在读大学的曾经犯过此病的学姐，利用寒暑假回母校的时间，和小易聊天。

　　10. 让我的科任老师知道小易的情况并予以保密，平常多多关心和帮助。

11. 联系食堂灶台处，开通熬药绿色通道。

三年的时光就在大家你帮我助中度过，我很难忘小易刚进大学给我的来信。

亲爱的老师：

见信好！此时此刻，我不知道用什么华丽的词语感谢您！也不知道将来怎样报答您！

现在，我在图书馆给您写信，满脑袋都是高中三年来永生难忘的记忆。高中三年，我低沉过萎靡过甚至觉得生活一地鸡毛。周末的时候，我曾经一人到足球场的角落里哭过，一个人跑到碧阳湖边绝望过。但是，每当我想起你对我付出的一切，我时常想到您就是我的爸爸，为了我，想到给我全方位的关心和帮助，您所付出的一切，我岂敢辜负和怠慢。

于是，在我伤心难过的时候，我会主动去找心理健康咨询老师，我会和室友约起去逛街。甚至在孤独的时候，我会把心事交给图书馆，把不悦打发给电影院。

可以说，只要有月考，就会有您和我谈心。分析我的所得所失，鼓励我认真书写，找到班级最合适我的参照物让我不断进步，所以我的发病率才明显降低，我的学习才那么快的进步。

今天，我不会忘记您在班上经常重复的一句话：印度泰戈尔诗人说，如果你因为失去太阳而流泪，那么你也将错过繁星了。每每说这个话的时候，您的眼神，会情不自禁地和

"四有"教育

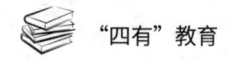

我相望。

　　于是，我不再怀疑天空的孤独，我相信每一颗星星都钟情于银河，每一片白云都眷念着水珠，每一道彩虹都爱上了雨后。于是，我鼓起勇气，愿意做英国诗人雪莱笔下的云雀：向上，再向高处飞翔，从地面一跃而上，像一片烈火的青云，掠过蔚蓝的天心，永远歌唱着飞翔，飞翔着歌唱。

　　我不是您最好的学生，但您是我最好的老师，在我人生旅途上，在我百转千回的驿站中，您把最好的年华默默无闻地奉献给像我这样再也平凡不过的学生，让我们成人成才，正可谓我们远走高飞，您原地返回。

　　末了，差点忘记，您的胃不好，您要记得一日三餐的饮食习惯，注意作息规律不要熬夜呵！冷少摸生少吃，辛辣食物要远离。

　　最后，衷心祝福老师身体健康万事如意！桃李满天下！

　　此致

敬礼！

您永远的学生：小易

2021年9月5日

做人，从感恩开始

"老师您好，最近我孩子经常对我大发脾气。"

"老师您好，孩子一到家以后就把自己反锁在卧室里面，不与我们沟通交流。"

"老师您好，我家孩子最近爱拿我们和班上同学的家长做对比，说人家家长当这样的官那样的官，而我们什么都不是。"

"老师您好，我孩子一天要穿好衣服，买好的智能手机，而我们仅仅是一位普通的打工者，我们该怎么办？"

"老师，最近我发现孩子消费很高，请您给我看一看，他是不是乱花钱？当然，该用的地方还得用，我们不反对，但是我们在工地上节衣缩食也不容易啊！就怕他乱花钱啊！"

"老师，孩子回来给我说，他不想读书了，想去外面打工，请您抽空和他聊一聊，谢谢您！"

"老师，我家孩子回家以后，我们大声的话都不敢说一声，否则，他就会冲出门了！相反，他对我们大声说话是家常便饭了，我想了解这孩子最近怎么了？"

"老师，学校最近是不是又收学费了？孩子打来电话，叫我们把1000块钱的学费打过去。"

最近一段时间，我连续收到学生家长发来的这些短消息，我看在眼里气在心头，怎么会遇到这样的孩子呢？作为学生家长，作为班主任老师，我非常愤怒。平常给他们说了那么

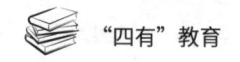

多做人的道理,老师们也对他们进行了那么多的教育,但为什么会出现这种情况呢?我该以怎样的方式来教育他们呢?

我想这些孩子应该是感恩方面出了问题,我花了一个星期的时间,收集了有关感恩的人和事,弄成了幻灯片,穿插了《烛光里的妈妈》作为背景音乐,幻灯片的主题为《从感恩开始做人》,准备利用班会课给大家播放,并安排同学们以"爸爸或妈妈,我想对您说"为主题,给爸爸妈妈写一封信。

班会课如期而至,为了营造氛围,我特意把不高兴的表情写在脸上,低沉地说:"同学们,教了这么多年的书,有的同学不孝敬老人,让我很失望。"我故意提高嗓门,大声地说,"我们有的同学还看不起自己的父母亲,这到底像什么话呀?要知道没有爸爸妈妈就不会有今天的你,是他们给了你生命。"

教室里鸦雀无声,同学们大家低着头,我发现机会来了,接着以非常缓和的口吻说:"自古以来,尊老爱幼是中华民族的优良传统。鸦有反哺之义,羊知跪乳之恩。现在,请抬起头,和大家分享本周的班会课PPT。"

《烛光里的妈妈》就在我点击幻灯片放映的那一刻开始响起。十多分钟的幻灯片,这个音乐循环播放了好几次,片中感动的场景一个接一个。

场景一:拥挤的客车站,一位母亲背负着沉重的行囊,尽管累得气喘吁吁,她依然用大衣包裹着幼小孩子的全部身体。

父爱如山，母爱如水，她架起了背部和手间爱的桥梁。

场景二：透过正在修建的建筑大楼，一个女人肩上挑着一担满满的水泥砂浆，孩子在她的背上睡得很香。有人说，哪有什么岁月静好，只不过是有人在为你负重前行。

场景三：一位年轻的妈妈，家庭拮据又患了重病，医生说她的生命还可以延续一年多，想着自己年幼的孩子以后没有母亲，在生命的最后时间里，她忍受着病魔的折腾，给孩子织了30多条不同颜色和大小的毛裤。有一首歌这样写道：世上只有妈妈好，有妈的孩子像个宝。

场景四：一个10岁的孩子因病需要进行肝脏移植，30多岁的妈妈硬是坚持跑了一年，每天狂跑10多公里，减重20多斤，成功将自己1/3的肝脏移植给儿子。谁说生命只有一次，这位伟大的母亲让儿子的生命重生。

场景五：我原以为在我婚礼大喜日子的这一天，一向坚强的爸爸是不会哭的。后来妈妈告诉我：爸爸这大半辈子只哭过两次，一次是我的出生，一次是我的远嫁。

场景一个又一个晃过，背景音乐一遍又一遍循环，我听见孩子们呜呜的哭声，桌面上留下了一张又一张擦过眼泪的纸巾，那一刻，我的眼睛也跟着湿润了。

"同学们，我想大家都知道，'树欲静而风不止，子欲养而亲不待'。当我们和父母亲在一起的时候，我们要倍加珍惜这相处的日子。时光流逝很快，转眼爸爸妈妈都老了，眼睛也花了。

"父爱如山，母爱如水。孟郊说，'谁言寸草心，报得三春晖'；孟子说，'孝子之至，莫大乎尊亲'；林语堂说，'一个天生自然的人爱他的孩子，一个有教养的人定爱他的父母'。从今天开始，我们心里随时装有《弟子规》：'父母呼，应勿缓；父母命，行勿懒'。

"感恩是做人的基本道理，俗话说滴水之恩，当涌泉相报。从现在起，我们要感恩父母亲，感恩老师，感恩朋友，感恩身边关心过你的人，甚至是学校的一花一草。不要轻易发别人的脾气，不要乱花父母亲的血汗钱，不去盲目攀比，如此等等。"

看着同学们哭红的双眼，我继续说："我知道过去大家有许多对不起父母亲的地方，我想今天请大家把看了视频的感受，转化为对信笺纸真情的倾诉，寄给父母亲。"

不到一周，我收到了部分同学家长感动之余，发过来的信件照片，以下截取部分内容：

妈妈，从我出生到现在，您为我付出了太多太多，好吃的、好玩的、好用的、好穿的都给了我，但是您从来没有抱怨过。您总是说："我没事，只要你过得幸福，过得快乐，妈就心满意足了。"妈妈，您的养育之恩，我怎么也报答不完。

第一章 有大爱的教育

妈妈,我爱您!您的爱是博大的,像蓝天,像大海,您的爱是温柔的,像小溪的水,灌溉着我的心田,使我茁壮成长。

——爱您的琴儿

亲爱的妈妈,穿梭时间的长河,回忆往昔,那些酸甜苦辣的岁月,如同电影般在脑袋里回放着,在心里触动着。这么多年的陪伴,您那乌黑的头发已有几缕白发,您那年轻美貌的面庞已有皱纹,您那优美的身材也被无情的岁月压得变形,是谁让您变成这样呢?是我。您无私的母爱我无以回报,只有做一些力所能及的事儿,偿还您的恩情,让岁月留住您青春的影子。

妈妈,我想对您说,感谢您无私的爱,感谢您把我带到这个世界上,感谢您一路的陪伴,我知道您对我寄予了很大的希望,但我一定不会让您失望,我也会一直愿意做您的小棉袄!

——您永远的小棉袄乾儿

亲爱的爸爸妈妈,小小的两张纸是写不完我想对你们说的话的。真正的爱又怎么仅仅用几百个字就能表达出来的呢?我不在你们身边,要注意身体,不要太辛苦,多休息,也不用太担心我,你们的女儿已经不是以前那个不懂事的小姑娘,她已经长大了,可以照顾好自己,将来有一天她会像你们照顾她那样,照顾你们。

——你们的好儿

"四有"教育

亲爱的爸爸妈妈,去年你们没有回来过年,大过年的你们还在上班,那时真的很难过,因为是过年啊,是全家团聚的日子啊,别人家一家人坐在一块高兴地吃着年饭,我们却一个在东边,一个在西边,别人的父母都回来了,我的父母全还在为了多赚几个钱加班,真的很心疼,希望你们今年早点回家过年,我太想你们了!

——你们的超超

爸爸妈妈,我时常感到抱歉,我不是理发师,不能为你们染黑白发,但我想成为一个理发师,我想为你们修理修理额前的碎发,想为你们染黑每一根白发,让它永远发出乌黑的光泽;我不是画家,抚不平你脸上的皱纹,但我想成为一个画家,把你画成一个意气风发的少年少女,永远张扬自信。但是意气风发的少年终究还是被碎银几两压弯了脊梁,窈窕淑女的妈妈,也被柴米油盐染黄了面庞。我要成为一个作家,用我手中的笔,记录你们的青春年华。

——爱你们的健健

爸爸,我是个不孝的孩子,没能记住您的生日和年龄,连您的电话号码都没有记住。爸爸,您的白发是岁月的证明,我一天天地长大,您一天天地变老,我不敢看您脸上的皱纹,也不敢看您手上的老茧,我甚至没有好好和您沟通交流,我无法体会到您的劳累、感受到您的辛苦,您生日的时候我也没有送上最真诚的祝福,父亲节时也没有向您来几句问候,

第一章 有大爱的教育

感恩节时连一句"谢谢您爸爸"都那样难以开口。对不起您,爸爸!谢谢您带我来到这个世界,谢谢您把我抚养长大,谢谢您对我如山的父爱!谢谢您这么多年的含辛茹苦,您的恩情我会一直记得,他日我一定报答您!

遇见父亲,是我这一生最荣幸的事!

——您永远的小棉袄丽丽

爸爸,我依然记得中考成绩发布的那一天,我对自己失望透了,未来的期盼和憧憬,似乎在一瞬间分崩离析,只留给我更多的嘲讽。那时我只觉得对不起母亲的期望,对不起您长期的鼓励。到了晚上我哭着给您打电话,当时我害怕您对我进行否定。我哭着给您诉说了许久,电话那头您静静地听着我倾诉,感受着我的悲伤,当我停止了哭泣,您慢慢地安慰了我,我能感受到您包容我宽恕我。那晚您还给我发了一条信息:希望你能学有所成,不会再走我的路。

爸爸,我现在已经长大,站在人生新的征程上,我将踔厉奋发,活成您想要的模样!

——爱您的小炜

妈妈,离开了家很久很久,我终于拨通您的电话,带着复杂的情绪,听见您传来的声音却是那么地温和,您的字字句句都在为我着想。那一刻,我恨极了我,您明明关心着我,爱着我。随着时间的流逝,我终于明白了,您不善言辞,却默默地爱着我。我还清楚地记得您对我提起小时候的故事,

049

"四有"教育

您眼神里满满的爱。长大后，我才慢慢明白，您有千万个不愿意我走远，却一次次目送我乘坐的远去的汽车，明明心里想要我周末回家做最好的给我吃，却又担心我的作业做不完，每每此时，我的眼泪又来了。

最后，祝您永远健康幸福美丽！

——您的乖乖强子

亲爱的爸爸，我想对您说，不要太勉强自己，生病了就好好休息，给自己放假，要懂得照顾好自己，等女儿长大了，有工作了，换女儿来养你们。女儿会好好地努力，努力让自己变优秀，努力让自己成为你们的骄傲。

爸爸，小时候您和妈妈用臂膀为我撑起了一片蓝天，呵护我的成长，长大后，我来呵护你们，就如你们当初对待我一样。爸爸，对不起，我不该那么任性，不该那么调皮，更不应该在叛逆时期与您顶嘴，对不起，希望您和妈妈能原谅我。爸爸您辛苦了，爱您哦！

——您听话的孩儿美美

爸爸，高中开学的前一天晚上，妈妈回老家了，只能让您陪我去学校，可是您的腿伤还是很严重，我虽然不想让您去，但是您却说没事，我可以。您迈着沉重的步伐送我去车站，但临走之际，您还是决定陪我去学校。一两个小时之后，我们下车了，我艰难地拉起行李箱，背着书包向学校走去，您一言不发，径直走到我的跟前，轻轻地将行李箱接了过去。

第一章 有大爱的教育

那时我看到您微颤的小腿，心中一股酸楚。到了校门口，我从您手中接过行李箱，对您说我可以的，您回去吧！看着你渐渐走远，等我打理寝室窗台的时候，我看见窗外一个多么熟悉的身影，您久久不想离去！那一刻，我的眼睛模糊了，那一夜，我彻夜难眠。亲爱的爸爸，祝您永远健康长寿！

——您的宝贝小栋

常怀感恩的心，就像心里种下了一颗善良的种子，一旦发芽，就会盛开心形的花朵，结出香甜的果实，使你终身受益。

第二章　有智慧的教育

"师者，所以传道授业解惑也。"教育者要用过硬的学识，睿智的目光，开启智慧的脑门。用教育教学的奋斗，书写人生美丽的华章。

关于两组教材图像的解答

一、价值规律

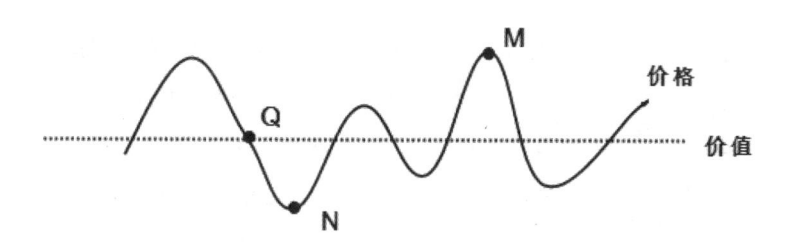

要想真正吃透关于价值规律的知识，学生要把握它的基本内容、表现形式和引起价格波动的原因。正如教材所述，价值规律的基本内容是：商品的价值量是由生产这种商品的社会必要劳动时间决定的，商品交换要以价值量为基础，实行等价交换。其表现形式为商品的价格围绕价值上下波动。引起波动的原因是受供求关系的影响。

初学者对于此图像的理解难度是，在日常生活中，不等价交换的次数很多，等价交换的次数较少，为什么最终还是等价交换呢？

教师在讲解时，可以从以下角度对学生的困惑进行答疑。

何为商品交换以价值量为基础？图中的价格曲线不会无休止地上涨，也不会无休止地下降，它们紧紧依附在价值的两侧，体现了交换以价值为中心。这就是所谓的一袋米的价

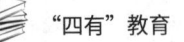

格不管怎么下降，也不至于降为一袋相同体积米糠的钱，一辆自行车的价格不管怎么涨，也不至于涨到同一时期一辆轿车的价格。

图中，等价交换即价格等于价值，表现在作为价格的曲线与作为价值的虚线二者的交点 Q。显然，在图像中，这样的交点数并不多；不等价交换表现为价格和价值的背离，要么价格高于价值，要么价格低于价值。显然，这种现象高频出现。这种价格的波动受到气候、时间、季节、地域、政策、生产条件、习俗等间接因素的影响，改变了该商品的供求关系。

图像中出现的等价交换交点表现为短期内个别商品的交换现象，等价交换原则是从交换的绝大多数和长期的交换过程而言，就商品交换的长期而言，可以较为形象地理解为图像中横轴上面的价格上涨部分和下面价格下跌部分大概抵消，价格由曲线变为直线，重合在价值的线条上，因而属于等价交换。

二、价格变动对生活必需品和高档耐用品需求的影响

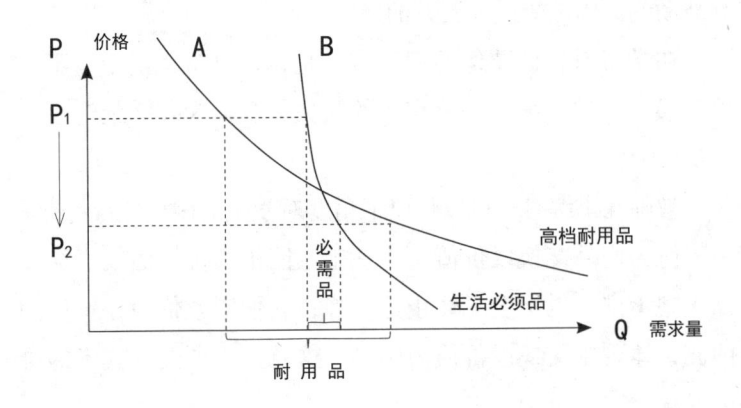

需求法则认为：一般说来，商品价格变动会引起其需求量的反方向变动。即价格越高，需求量越小；价格越低，需求量越大。并且不同商品的需求量对价格变动的反应程度（需求弹性）不同。价格变动对生活必需品需求量的影响较小，对高档耐用品需求量的影响较大。

通常，学生在做题目或者考试时，对图中的A、B线条谁是生活必需品谁是高档耐用品容易做出误判，而且这样的误判会屡做屡犯。为此，老师们对学生也会给出一些通俗的死板记忆法。比如，相对于水平面，哪条线与水平面的夹角越大，那它就是生活必需品。再如，相比较坐标轴，哪条线条越平缓，那它就是高档耐用品。

教师上面的两种提示法，乍一看好像是正确的，其实不然。第一种情况，学生在理解线条与水平面的夹角，容易理解为两种情况，要么夹角为锐角，要么夹角为钝角，如果是前者，那么理解正确，如果是后者，答案刚好相反。同样，第二种情况学生也容易误解。坐标轴有横纵轴之分，如果相对于横轴Q，理解正确，如果纵轴P，则容易做出相反的判断。

如果真正要让学生明白该知识点，对知识点的理解由被动灌输变为主动接受，教师可以从以下几个角度进行阐释。

一、在纵轴P（价格）上找两点（坐标圆点除外）P_1和P_2，价格由P_1降到P_2。由于属于同一幅度的变化，加之两条需求线均处于同一坐标系中，因此具有可比性。

二、过P_1和P_2两点向右作出与横轴Q平行的虚线分别和两条线条相交，从各自相交的点向横轴Q作垂线并相交于两点。

三、通过对 Q 轴上的两个幅度进行比较,发现其中一个需求量幅度显然大于另一个需求量幅度。同一价格降幅引起的需求量变化,幅度较大的需求量对应的那条需求线就是高档耐用品,另一条则是生活必需品。

巧借漫画培育核心素养
——以人教版高中政治教材部分漫画为例

漫画,是一种艺术形式,用简单而夸张的手法来描绘生活或时事的画面,其幽默诙谐的画面或画面组,能达到讽刺或者歌颂的效果。笔者在历年的高中政治教学中,探索了由学生扮演教材漫画中的人物的教学模式,以潜移默化的方式培养学生终身发展和社会发展所需要的必备品格和关键能力。

一、谁也别想发财——发出的家国情怀

在讲授"积极参与国际竞争与合作"全面提高开放型经济水平时,我大胆引用"市场配置资源"中的漫画"谁也别想发财"。

师:如果由你来选择漫画中的两位,你会选择卖螺钉还是卖螺帽?并说明你的理由。

生甲:卖螺钉,如果我的螺钉卖不掉,我就把它当大铁钉用。

生乙:卖螺帽,如果我的螺帽卖不出去,我可以把它进行再次加工,形成漂亮的铁质艺术品。

生丙:老师,我反对他们两人的观点,他们的思想很封闭,

"四有"教育

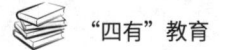

都不想买对方的账,如果他俩是两个国家的话,似乎都给对方设置障碍。

生丁:封闭就要落后,落后就要挨打。他们唯一可救的方法就是拆除栅栏,迎接开放的时代,因为世界的发展离不开中国,世界开始倾听中国的声音,任何排斥中国的做法都极不明智。

师:同学们分析细致,让我感受到中国发展的力量,在改革开放四十周年之际,让我们一同感受开放中的数据中国的温度。

(多媒体展示改革开放四十周年来中国取得的部分成就)

截至2018年3月中国外汇储备量(美元)	全球玩具由中国生产的比率(%)	中国与印尼非洲签下的高铁订单(美元)
3.14亿	70	115亿

二、一哄而下——哄出的社会公德

为了让学生更好地理解市场调节的自发性、盲目性、滞后性等固有的弊端,加深对市场调节的这一缺陷和不足的消化吸收,我这样提问:请问你想扮演漫画中的哪位人物,并说明原因。还没等我的话说完,课堂已经像一锅沸腾的粥。

生甲:我想充当已经有半个身子进入船里的那位美女,

因为我率先发了大财。

生乙：反对，因为你只注意发财，却忽视别人会压死你，还有什么比生命重要的吗？

生丙：我愿意做船艄上的那位推船人，甘为别人推船前进，为那些在社会主义市场经济条件下有所作为的人们实现他们的梦想。如果有人掉进水里，我还会利用我会游泳的优势解救他们，用我的实际行动践行社会主义核心价值观。

此时的课堂，有欢笑也有沉思，有反驳的火辣也有友情的谦让，有讲有关博爱名言警句的，也有引经据典诠释爱的真谛的，爱的呼声在整节充满思辨氛围的政治课堂里穿行。

师：老师为大家激烈的争论而高兴，大家有投资的智慧，也有仁爱之心，相信大家在以后的创业中可以用勤劳的双手获得人生的第一桶金，我也相信我们班会涌现更多的富豪，会有更多的慈善家，正如苏霍姆林斯基所说，对人来说，最大的欢乐、最大的幸福是把自己的精神力量奉献给他人。

三、悬挂在山崖上的两个人构成一种动态的平衡
——挂出的个人修养

在阐述矛盾的含义和基本属性时，我一改传统的"填鸭式""大包干"的教学模式，直接把这幅漫画交给了学生。

师：同学们，如果你是漫画中手持火把的那一位，你敢不敢烧绳子？并说明敢与不敢的理由。

生甲：我敢烧，因为对方的语言"你敢吗"刺激了我。人固有一死，同归于尽，以表豪气。（全班大笑）

生乙：我不敢烧，绳子烧断，两命呜呼。我愿与对方好言求和，以保生的希望，谁叫我们是一根绳子上的蚂蚱！（全班哄堂大笑）（继续补充）我还会主动问对方，伙计，这悬崖峭壁上有凉风，您冷吗？来我把火把给您取取暖。（掌声更加激烈）

师：如果你是漫画中手无火把的那一位，你敢像他一样对对方说：你敢吗？

生丙：我敢说的，难道你没有看见我的双脚都是搭在篮子之外吗？民不畏死，奈何以火把惧之？何况对方不敢，如果对方真的一意孤行，你可以想象他得到同样的下场。（笑声不断）

生丁：我不敢说，因为我怕言辞过激，对方真的烧断绳子。（全班有人发出鄙视的声音）我会反过来对对方好言相劝，朋友，有必要这样冲动吗？冲动是魔鬼。想想我们的社会多和谐，想想我们的家庭多幸福，想想我们上有老下有小。（呜呜，这位非常感性的同学已经泣不成声了）（全班掌声持续了近一分钟）

师：同学们，刚刚大家的"敢"与"不敢"，让我们读懂了矛盾对立统一的含义及其基本属性。同时，我们要学会珍爱生命，努力提升自我修养，关心他人，明辨真善美与假恶丑，秉承和谐共生的发展理念，推动中华民族的伟大复兴。

设身处地把自己当作漫画中的人物形象，可以增强学生学习高中政治的兴趣，激发自主学习的内生动力。这种教学方法不仅摆脱了传统枯燥的教学模式，也在交流讨论中构建了新课改背景下的家国情怀、社会关爱和个人修养的核心素养。

"四有"教育

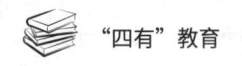

思维导图教学模式在高中思想政治课堂中的应用

思维导图给高中政治教师教学工作带来了巨大的改变,特别是提高了高中政治教学的效率。教师借助思维导图来巩固政治知识点,引导学生感观地认识政治知识,并帮助学生树立政治学习的自信心。通过思维导图法可以大大提高学生的学习兴趣。高中政治课是学生建构政治知识体系的关键时期,教师可以用思维导图引导学生思考政治问题,进而发现政治知识规律。作为一种学习工具,思维导图可以供学生梳理政治知识点、建构政治知识网络。高中政治教材往往是分模块、分单元进行的,而且它们是彼此联系着的。学生每学习完一个章节,通过该节知识框架的建构,就建立了相关章节的思维导图。作为学习的工具,学生还可以通过思维导图,以一个知识点为中心,对其相关的知识点进行面和体的整合,让政治学习的诀窍自然而然产生。

那么,思维导图教学模式在高中思想政治课堂中的应用情况怎么样呢?

当前,高中生不仅仅要学习书本上的基本知识,还要参与社会实践活动。因此普遍的高中生面临一个难题,那就是复习与预习效率不高,如果教师对此不以为然,那就是教学的失误。目前,多数高中思想政治教师在开展学生学习指导工作时，为学生提供了多种多样的学习技巧，希望提高学生的学习效率，但是学生的学习收获较小。不同的学生适应不同的学习技巧，但是学生需要借助一种有效的教学工具梳理已学知识。教师在实际的高中政治教学过程中发现，学生缺乏梳理政治知识点的工具，且学生在解答政治题目时没有解题思路。而高中政治教师需要引导学生在学习政治知识的过程中，具备有效提炼政治题目中的有效信息的能力。然而学生在解题时，不能快速地建立解题思路，进而浪费了时间。传统的高中政治课教学模式不能给学生足够的机会进行学习反思，甚至限制了学生的学习思路。而思维导图的应用可以给学生更多自由学习的机会，让学生在学习的过程中，更全面地认识政治知识点。教师应该鼓励学生梳理学习思路，特别是把掌握不牢固的知识点进行复习，从而提高学生的复习质量。

针对上述情况，我认为，思维导图教学模式在高中思想政治课堂中应该具有相应的应用策略。

由于高中政治是一门理论比较抽象的学科，因此教师要花心思让学生完成政治知识的学习，并提高习学习效率，显然就必须充分发挥学生的主观能动性制作思维导图。教师应该针对不同学生个体，引导学生设计各有千秋的思维导图，让学生在美学中陶冶情操，在智学中增长见识。

第一，结合思维导图建立政治导学案，培养高中生的政治思维能力。

思维导图的作用是多元化的，它可以帮助学生梳理政治知识，吸收消化政治知识点，还可以培养学生敏锐的政治思维力。比如教师设计的预习课要符合高中生学习的需要，给予高中生充分的学习引导和帮助。比如在人教版高一思想政治必修1的第一单元第一课《神奇的货币》的知识点梳理过程中，教师可以让学生借助思维导图来巩固学习该知识点。教师可以让学生借助思维导图绘制与神奇的货币相关的知识点，学生在思维导图的导学案建构过程中，也认识了货币的职能、货币汇率的计算等知识的误区，并在实际的习题训练中查缺补漏，了解了基本的答题步骤。同时，学生还总结了相关的应用分析题型，从而在遇到类似习题时，用正确的解题思路面对实际问题，快速找到相关题目的突破口。比如在"物价上涨有两种情形"相关的题目中，教师可以让学生用思维导图分析该题目类型的解题思路，并深入理解"某一商品价格上涨"和"社会各部分商品价格普遍上涨"时通货膨胀判别原则。比如在某一商品价格上涨时，教师只需要引导学生分析生产该商品的时间增加、成本增加、纸币发行过多等三种情形，并让学生深入体会只有纸币贬值时物价上涨才会导致通货膨胀。同时，该解题思路的整理过程中，学生积累了解题经验，还提高了学生的逻辑思维能力。

第二，结合思维导图巩固记忆章节知识，培养学生的系统化思维。

教师应该让学生及时巩固已学知识，并提高高中生对政治知识的系统化认知能力。同一章节的知识点是十分丰富的，教师要引导学生主动挖掘政治知识之间的联系与区别。教师要根据教学内容,来合理讲解政治知识,帮助学生建立系统思维。教师可以借助思维导图,来引导学生完成课下的复习任务,督促学生养成及时巩固记忆章节知识的好习惯。教师要督促学生进行大单元的政治知识的学习,并鼓励学生多维度借助图画、文字、线条等形式,以清晰的层次思维导图,有机整合框与框、单元与单元之间知识点的联系,从而大大提高自身的学习效率和知识的认知能力。比如在人教版高中思想政治必修2第一单元的章节知识复习过程中,教师可以合理设计学生的学习目标,然后让学生自主挖掘提供各章节提炼的关键词。学生在结合现实情境了解《生活在人民当家作主的国家》《我国公民的政治参与》课中所涉及的具体关键词时,会提高对政治生活相关知识的认识。教师也可以让学生借助思维导图自主复习不同章节的内容,并让学生体会政治知识规律,进而让学生掌握更多系统化知识。

第三,创设思维导图教学情境,提高学生的政治素养。

高中是学生提高政治知识储备的关键时期,如果教师能够积极地引导学生看待时政分析问题,学生辨别是非的能力就会有所加强。教师可以借助思维导图创设政治教学情境,让学生在被鼓励和肯定的学习氛围下学习政治知识。教师在这种教学氛围下,要给学生充分的肯定和关注,让学生发展自己的政治思维,提高学生对政治知识的深层次认识。教师应该立足教材中的教学内容,设计符合课堂教学需要的教学情境,启发学生思考,并把握教学重难点,进而培养学生的政治核心素养。要想培养学生的政治素养,就应该明确思维导图教学情境的创设目标，具体可以从学法指导、知识梳理、总结升华三个方面设计思维导图教学活动。比如在人教版必修3第一单元第一课《文化与社会》的教学情境创设时，教师可以主要围绕学法指导、知识梳理、总结升华三个方面设计思维导图教学方案。在学法指导方面，教师需要让学生掌握文化概念、区分文化概念、了解文化的作用。在知识梳理过程中，教师要让学生掌握文化的构成及含义、文化的特点、文化对社会的影响等内容。在总结升华方面，教师需要引导学生了解三大学习误区，并让学生加强对文化的内涵、文化对社会的影响两方面知识技能的学习。教师通过明确该课的教学情境创设重点，在教学时，可以以此为抓手，开展具体的教学指导工作。

总之，思维导图能够为高中政治教师提供一定的教学思路，教师可以借助思维导图来引导学生认识政治知识点，进而提高学生的政治思维能力。同时，教师应该引导学生用思维导图学习方法积极参与政治知识的自主探究，并提高自己的学习效率。

打造线上与线下相融合的高中思想政治课堂教学

当前背景下,高中思想政治教师通过采取线上与线下相融合的教学方式,可以实现课堂与科技相融合的效果。教师利用网络同步直播,学生在线上听课、线下交流,其他小组教师也可以同时进行线下听课。线上教学作为一种新型的教学手段,对学生的学习积极性是一种考验。线上教学所呈现的政治知识点是生动直观的,能够大大提高学生的学习兴趣。都是给人"近距离"的感觉,这样在线上与线下教学中,教师要注意它们之间的差异。在线上与线下融合的教学过程中,教师也会发现许多诸如学生学习纪律性差的问题。可见,教师应该继续就引导学生参与线上与线下学习过程多思考,紧紧围绕作为线上与线下教学对象的学生,因材施教地开展教育教学工作。同时,在这个时候,高中思想政治教师应该减少一味讲解的教育方式,留足一定的时间让学生思考老师提出的问题,改变一味听课产生的视觉疲劳现象。

一、线上与线下相融合的高中思想政治课堂教学情况

线上教学技术的发展给高中思想政治教学工作带来了重大的冲击力,教师应该仔细思考线上教学技术所带来的正面

影响，将线上教学技术引入到教学工作中。教师可以充分借助线上教学技术来完成自己的政治教学工作，并且可以发挥线下课的优势。传统观点认为，高中生学习政治多用背诵记忆知识的方式，独立思考能力欠缺。而线上与线下教学相结合的教学方式可以有效培养学生独立思考的习惯，线上可以清晰地看见学生是否在动脑筋。线上与线下教学模式可以通过图片、动画、视频，让学生可以直观地学习。线下教学多是学生与教师进行现场交流的教学方式，教师和学生围绕一个具体的知识点，比如一个政治事件，开展具体的教学引导工作。线上与线下结合，可以节省教师授课时间，提高学生与教师的互动效率。线上教学也具有一定的灵活性，教师可以提前录制好相应的网络课程，学生可以自由选择线上或者线下学习的时间段。学生在课下也可以通过复习、预习线上的教学视频，来巩固某一个掌握不牢固的知识点，进而提升学习效率。

二、线上与线下相融合的高中思想政治课堂教学策略

高中思想政治教学应该注意教学方式和方法，特别要结合现有的线上教学技术开展具体的教学工作。线上与线下教学相融合的教学模式下，教师要明确教学目标，精简教学内容，创新教学方法，突出教学效果，真正激发学生学习政治的积极性。

(1) 借助网络技术，提高线上与线下教学的效率。

网络技术可以为高中思想政治教学提供一种教学工具，也常见于高中思想政治课堂教学中。高中思想政治知识点较多，政治知识体系庞杂，这就需要学生建构政治知识体系。而线上课可以把线下课一时难以归纳的大容量知识清晰地呈现给每一位学生。教师应该在课上利用线上课程向学生展示动态化的知识点，并对学生加强教学管理。教师在线下指导学生学习思想政治知识时，要充分掌握学生的基本学习情况，并鼓励学生各抒己见。在具体教学过程中，教师要变灌输教学方式为学生为主体，注重情感式体验教学，让学生在合作交流探究共享中，学知识的同时学做人。比如在人教版高二必修四第七课《传统文化的推陈出新》的教学过程中，教师要带领学生认识中华传统文化，引导学生建立对中华文化的自信心。首先，教师可以让学生观看多媒体中的中华传统文化知识，并让学生分析自己身边常见的文化现象，进而提高学生的观察能力和审美能力。其次，教师可以组织传承传统文化的政治学习活动，让学生参与到传统文化的宣传和学习过程中去，从而提高学生对中华文化的认同感。

(2) 丰富教学内容，提高线上与线下教学质量。

教师要想有效完成自己的政治教学工作，就要积极发挥自主合作探究学习的模式。教师可以借助线上教学与线下教学相融合的教学方式，让学生在生活中接受教育、在学习中接受教育,从而提高学生的思想认识。学生在学习政治知识时,他们的任务不止是掌握政治知识,还要构建自己的"三观"。思想政治教师要更好地发挥思政课的育人作用,更好地担当起立德树人的重任,培养学生的正确认知。比如在人教版高一思想政治必修一第三课的教学过程中,教师要让学生理解中国特色社会主义发展至今的原因,并让学生理解中国特色社会主义的本质。学生学习该部分知识的过程,也是学生提高思想认识的过程。教师可以在课上用多媒体 PPT 为学生展示中国特色社会主义所涉及的政治知识点,并让学生分析改革开放对中国的影响。思政教师要高度重视线上与线下融合教学的内容,引导学生分清真善美与假恶丑,践行社会主义核心价值观。教师还可以通过视频的方式为学生展示党的二十大习总书记讲话精神的相关材料,让学生观看真实的政治记载资料,增强政治认同,而不是随意道听途说。教师通过让学生用图画、视频资料认识政治知识,让学生"三观"得到积极的影响。

(3)利用线上与线下结合的教学方式,创设政治教学情境。

教学技术在一定程度上影响政治教学的效果,教师可以借助信息技术来创设政治教学情境。传统政治课堂教师往往"一言堂",学生参与到课堂学习展示中的机会较少,所以他们的自主学习能力不高,总是依赖教师,丧失了学习的内驱力。线上线下教学模式下,教师可以采取政治"微课+翻转课堂"教学方式，鼓励学生自主合作探究政治知识。该教学模式下，教师要给予学生充分的表现机会，让学生在课上分享自己的作品或感受，从而激发学生学习的积极性。比如在人教版高一必修一政治第四课的教学过程中，教师可以让学生分析新时代的科学内涵，并引导学生交流自身对新时代的感受。高中思想政治课堂是学生学习政治知识的课堂，更是学生综合能力提高的课堂。教师可以让学生分组探讨如何从自身实际出发，为实现中华民族伟大复兴的中国梦做出实际贡献。中国梦是中国人民追求幸福的梦，也是每一个中华儿女的梦，学生在结合自身的学习和生活分享自身的体会时，也会加深对中国梦的解读和认同感。在此过程中，教师不仅要让学生提高对理论知识的认识，还要让学生在学习理论知识的过程中将知识内化于心，提高学生的思想素质。

综上所述，高中思想政治教学在线上与线下教学相融合的教学辅助下，可以迅速实现高效率的教学工作。因此，高中思想政治教师应该仔细思考线上教学技术与政治翻转课堂、情境课堂、问题探究课堂、自主合作课堂等课堂形式的联系，让学生在不同的政治学习过程中掌握政治知识，树立正确的政治意识。

"四有"教育

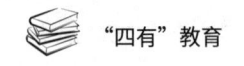

改善教学方法 提高高中政治课堂效率

思想政治作为高中生的必修课程以及高中文科生高考必考科目之一，具有重要地位。从当前的高中阶段的思想政治教学来看，由于受传统教学观念的影响，一些高中政治教师教学方式陈旧，课堂上以自我为中心，满堂灌教学，课堂教学全程都在看教师一人"表演"，学生成了观看教师表演的"观众"，这种教学方式让课堂气氛沉闷，师生间缺乏互动。就如何提高高中思想政治课堂教学的有效性，本文将针对这一问题从存在的问题到解决方法展开探讨。

一、学生兴趣不浓及解决方法

高中生的学习压力较大，学习的科目较多，高中思想政治这样一门学科，如果教学模式单一教学方式僵硬，课堂教学就会失去生机与活力，严重影响了学生对这一门课程的兴趣和学习积极性，导致大多数学生对于这门课程抱着只是为了应付考试的态度。要想激发学生对这门课程的兴趣，要求教师在教学的过程中想方设法使学生产生情绪高昂和智力振奋的内心状态，使学生对所学知识产生热爱而非冷漠的情感。例如在教学中，适时有效地运用多媒体设备，向学生提供丰富、生动有趣的感知材料，激发他们的兴趣，引起他们的丰富想象，在落实教学目标的同时让学生踊跃发言，激烈讨论，积极参与到教与学中来，使学生在此过程中感受到学习思想政治的乐趣，从而提高学生对思想政治课程的兴趣。

二、教师忽视和学生之间的情感交流问题及解决方法

在高中政治课堂教学中，教师教学的主观意识较强，在课堂上除了讲解教学所需内容以外，和学生之间很少存在沟通交流，导致教师与学生之间没有一点儿情感交流，学生和教师间太过于陌生。高中政治课堂教学的主要目的就是培养学生的社会思想道德品质及良好的个性品质，通过对高中思想政治的教学帮助学生树立正确的人生观、价值观和世界观，教师缺乏与学生的情感交流，导致教师很难有针对性地开展政治教学。在整个政治课堂教学中，教师忽视对学生情感态度的引导和教育，使高中政治课堂教学失去了其真正的教学意义，严重影响了政治教学的质量。要改变这一现状，高中思想政治教学就得将政治理论灌输逐渐转变为情感指导，在教导学生重要的思想政治理论基础上，将思想政治教育逐渐转变为学生自己的思想政治理念，达到育人、化人、感人的教学目的。教师在政治教学过程中，注重学生价值观的培养态度和情感的培养，结合教学内容注重情景、淡化知识的教学要求，将高中政治教学和生活实际结合起来，从价值观、情感、知识等多个方面进行教学。在课堂教学以外教师应该多与学生进行沟通交流，了解学生的心理状态，进行日常的

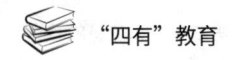

情感交流，构建和谐的师生关系，这将帮助教师有针对性地开展政治教学，提高思想政治教学的质量及有效性。

三、学生自主学习能力低下及解决方法

高中思想政治教学过程中，学生过于依赖老师，缺乏自主学习的能力。通常情况下，高中思想政治教师会为了所要讲解的知识点进行备课，然后在思想政治课堂上把课前备好的资料及相关知识点传授给学生，学生不经任何思考被动地接受这些知识，完全失去了自主学习。很多教师只局限于政治教材上的主要内容，为了能够让学上在考试中取得优异的考试成绩，在教学的过程中为学生勾画重点，并且鼓励学生在考试来临之际对勾画下来的重点进行死记硬背。这种为了学习而学习的教学，使学生没有深入地理解所学知识的真正内涵，导致学生完全依赖于老师所勾画的重点知识点，失去了自主学习的能力。为了避免这一弊病，培养学生自主学习的品格，提高教学的有效性，高中思想政治教学就必须坚持立德树人的根本任务，注重学生自主与独立学习能力的培养，在思想政治教学过程中，不但要让学生学习相关的课程知识，同时还要提高学生的社会思想道德品质及良好的个性品质。要提高学生自主学习的能力，就必须教给学生自主学习的方法：会读、会想、会讲、会问等。会读就是看书看课本要学会精读、细读、深入地解读；会想就是让学生能够独立思考问题，多动脑，而不是一味地死记硬背；会讲就是让学生能够通过

讨论多说多讲自己的观点；会问就是让学生质疑问难，发表自己的疑问然后获取新的认知。通过这种方式可以有效地提高学生的自主学习能力，从而提高高中思想政治教学的有效性。

"四有"教育

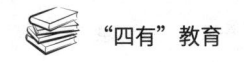

问题意识
——如何在高中思想政治课堂中培养问题意识

高中时期对学生来说是一个重要的时期,这个时期他们还没有建立起来清晰的价值观,思想和情感处于一种懵懂的状态。而思想政治课程的开展不仅可以教给学生一些具体的知识,也能够起到引导的作用,消除学生思想上的疑惑,帮助他们建立起正确的价值观念。

一、培养学生问题意识的必要性

思想政治课程的开展,可以让学生更好地了解当前社会的情况,同时也能够让学生建立起正确的价值观,培养学生的综合能力。要想培养学生的问题意识,就需要教师提升学生发现、提出和解决问题的能力,增强学生的思考和创新能力。

(一)达到教学目标的要求

思想政治课程能够让学生在自主探究中形成正确的价值观念,而培养学生的问题意识就可以作为一个引子,让学生更加深入地进行探究,并在探究中更好地接受正确思想的洗礼。如果缺乏问题意识,学生就会一直处于被动的状态,不能自主地安排自己的学习活动。

（二）实现有效教学的方法

有效教学的侧重点在于突出学生的主体性，构建动态的课堂。在传统的教学活动中，学生往往是被动的，只是跟着教师的节奏进行学习。而培养学生的问题意识，不仅能够激发学生学习的积极性，也能够增加师生、生生之间的互动，提高了教学的趣味性和有效性。

（三）增强学生的主体意识

培养学生的问题意识，往往能够对学生的发展产生积极的影响，能够更好地发挥学生的潜能，增强他们的主体意识，从而让学生更好地把握自己学习的节奏，提高他们的学习效率。

二、在思想政治课堂中培养学生问题意识的策略

（一）构建民主的教学环境，引导学生提问

思想政治课程带有很强的理论性，想要让学生敢于提问，教师就需要营造一个平等、放松的教学环境，让学生不再畏惧教师，从而在放松的状态下进行思考和学习。环境对学生的学习活动来说有着重要的意义，所以教师也要在教学过程中营造良好的教学环境，让学生在潜移默化中受到影响，积极地进行提问，参与到具体的教学活动中来。首先教师要营

造一个和谐的课堂人文环境,这就需要教师保持和蔼的教学形象,让学生敢于发问,并且能够做到据理力争。另外教师也要引导学生,让学生养成认真倾听的习惯,以及不害怕失败的良好心态,从而形成良好的师生、生生关系,让学生感受到讨论的快乐。

例如在教学"商品"的时候,教师就可以在讲解其含义之后,问学生相关的问题:同学们,那你们想一想,你们的张老师是不是商品呢?这样的提问就能够拉近师生之间的距离,吸引学生的注意力,然后教师就要引导学生大胆地提问,特别是对于一些平时不爱表现自己的学生,教师要引导他们回答问题,并且给出相应的鼓励。比如"你这个问题问得特别好,看来呀,你已认真思考了这个问题!"哪怕学生提出来的问题不成熟,教师也不能简单处理,而是应该引导学生理顺自己的思路,找到问题解决的关键点,保护他们的自尊心,培养他们的问题意识。其次教师也要让学生树立正确的价值观念,比如可以向学生介绍一些关于"善问"的名人故事、有利发明等等,让学生感受到善于提问、解决问题的重要性。最后教师也要放下自己的架子,成为学生的朋友,让学生在放松的状态下更好地发挥自己的潜能。

(二)构建教学情境,激发学生提问的欲望

兴趣是学生学习和成长中重要的推动力。兴趣作为一种内在的心理需求,它能够让学生主动地去探索,努力地完成相应的目标。在日常教学活动中,教师也应该运用多样化的

教学方法，提高学生的主动性，帮助学生进入到积极的思维状态中来。

例如教学了"经济效益和利润"等内容后，教师就可以设计相应的学习情境，也就是给学生出示一道未编好的简答题，请学生自己根据材料的内容来设计问题：某厂在第一年投资了100万，获得生产总值是550万，第二年他们增加投资100万，获利660万。当这个问题情境展示出来之后，学生都表现得很有兴趣，提出了很多问题。教师可以在学生讨论之后找出几个有价值的问题和学生一起讨论，从而在这个情境问题解决的过程中完成这节课要教学的内容。在完成教学之后，教师还可以再构建一个相关的情境作为拓展，让学生在小组里面讨论，甚至可以安排学生在课下讨论和解决。

（三）引导学生学会提问

在具体的教学活动中，教师要教给学生提问的方法，培养学生的提问意识。培养学生的问题意识并不是一个短期的教学目标，而是需要长期的坚持。在这个过程中，教师的引导是特别重要的。首先在刚开始学习一门课程的时候，教师就要让学生对着知识框架提出问题，确定自己学习的目标，并且带着问题来进行学习。

第一步，学习新课时，促使学生面对框架提出问题，确定学习目标，并带着问题进行预习。其次教师要让学生在了解知识框架之后，再引导学生思考教材中讲解了哪几层知识、讲了哪些观点，促进学生的思考。接着教师要让学生复习相关的知识，引导学生将相关联的知识整理在一起进行思考，从而更好地发现问题、提出问题。例如在教学完经济类的知识之后，教师就可以将价值规律和市场经济等知识放在一起复习，让学生在比较和思考中获得知识点之间的联系，提出相应的问题。最后教师要教给学生发现问题、提出问题的方法，比如要多去研究教材、理解知识、关注时政等等，增强学生的学习能力。

（四）在解决问题的过程中引导学生，培养学生的问题意识

教师要科学地设置问题和引导学生，从而让学生在正确的方向中提升自己，更好地探究问题的答案。问题探究的过程实际上也是培养学生问题意识的过程。在设置问题的时候，教师也要思考问题是否合理、难度是否适中等。教师在设置问题的时候要注意问题的难度不能太高，如果超过学生的能力范围，就很容易让学生产生挫败感，打击他们的学习积极性；设置的问题也不能太简单，如果学生没有经过思考就得出了答案，就无法有效地培养学生的问题意识。

例如在教学"量变和质变的辩证关系"的时候，教师就可以设置问题：量变和质变谁重要？只要是质变都是发展吗？学生在回答这个问题的时候，就会自然而然地分析两者的辩证关系，从而在探究的过程中不断地自我发问，最终获得问题的答案。

（五）教师要不断地提高自身素质

学生遇到了解决不了的问题，往往会去请教教师。如果教师直接告诉他们最后的答案，不仅无法提升学生的学习能力，还会让学生产生依赖的心理。但是如果教师可以反问学生几个小问题，引导学生自己说出答案，就能够启发学生的思维，让他们获得成就感。所以教师必须要不断地提高自身的素质，拥有更多的知识储备，构建起相应的知识体系。教师要善于总结，采用科学的方法让学生接受知识，同时还要突出这门学科的魅力，让学生在析事明理的过程中感受思辨的美。

总而言之，在当前时代快速发展的大环境下，教师也要积极地培养学生的问题意识，这对他们之后的发展有着重要的意义。所以在教学活动中，教师也要不断地研究和实践，培养学生的问题意识，让他们可以更好地发现和解决问题。

"四有"教育

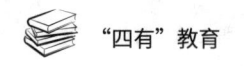

用新颖的课堂导入激活高中政治课教学

导入新课是指教师在一项新的教学内容或活动开始前，在遵循学科特点的背景下，坚持以学生为本的主体性原则，采用有利于让学生自然而然地进入学习新知识的状态的方式。实践证明，新颖的课堂导入可以启迪学生的心灵，挖掘学生的思维潜能，激发学生的学习兴趣，可使教学收到预期的积极效果。

一、寓言故事导入法

通常情况下，寓言故事都包含着一定的哲理，加上中学生年龄结构的特征，能收到"他山之石，可以攻玉"之效。通俗形象的历史典故，集新颖性、兴趣性、典型性为一体的寓言故事，以及贴近学生生活的民间传说等方面的素材，在政治课新课导入教学中的运用也较为普遍。

在讲"新时代的劳动者"提高劳动技能时，我讲了一个故事：相传，在一个鼠城里，老鼠很多，鼠妈妈每次外出时都会告诫它的孩子们，不要爬出城外，以免命丧猫口，除非是听见外面有鼠伙伴的叫声。就在鼠妈妈刚出去不久，一只幼鼠耐不住寂寞，偷偷跑出城外，随后就被一只等待多时的猫咪逮个正着。临死时，幼鼠对猫咪说："我明明听见是老鼠的叫声，怎么会是你呢？"猫咪答："这年头，不多掌握几门外语，怎能有生存的余地呢？"就这样，一则生动形象的材料，顿时开启了学生对知识理解的思维之门。

二、活动导入法

通过组织学生自导自演一些与教学内容有关的相声、小品等导入新课，也是一种深受学生欢迎的教学方法。新颖活泼的教学活动，能有效缩短师生之间的距离，引起学生共鸣，活跃课堂气氛，调动学生参与的积极性，让学生由被动学习走向主动学习。

"意识的本质"，这是人教版高二哲学常识第五课的知识。按常规教学方法，抽象困惑总是学生学习的最大障碍。为了一改常态，我大胆采用了学生在讲台上进行简笔画比赛的课堂导入。按照我的要求，前三位同学如释重负地画完了茶杯、苹果、雨伞，而第四位画"鬼"（他说他想画鬼），这位同学苦不堪言，好不容易才东拼西凑了几笔：凌乱的头发，怪异的眼睛，骷髅般的面孔。这时的课堂，同学笑得一发不可收拾。就这样，我平稳过渡："同学们，谁的作品最逼真？""前三位。""为什么咱们画鬼的同学画不好呢？""因为他没见过鬼。"学生又大笑了。"但人家还是画出来了，也有五官呢？""那是他按自己的形象画。"我乘胜追击："那他画的鬼是属于什么反映呢？""歪曲反映。""对谁的歪曲反映？""对客观事物。"就这样，学生对这堂课有了深刻的把握和理解，达到了很好的效果。

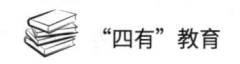

三、漫画分析法

漫画富有形象、幽默、趣味和哲理等特点，能恰如其分地把漫画与政治课的教学内容有机结合起来。它不但能活跃课堂气氛，帮助学生真正领悟知识，对学生情感教育的培养也有极大的影响，而且教师授教既自然大方，又深入浅出。

在讲述高二哲学"认识运动，把握规律"时，我是如此导入新课的。我手持漫画走进教室，学生的眼睛远远地就盯上这本漫画书。通过多媒体投影仪，学生看见在一块草地上，竖立着一张张紧挨着的卡片，卡片围成了半圆形，开头的第一张画了一只正在奔跑逃命的动物，末尾的一张则是一位正在举枪的猎人。学生分享结果为，这种连锁反应就是多米诺骨牌效应。动物一倒，人也活不了。学生结合预习情况，一口气把我想要说的话都讲了：我们要尊重自然、顺应自然、保护自然，学会与自然和谐相处。

四、热点导入法

所谓热点导入法，是指把国家最新发生的时事热点和教材联系起来，让学生对即将学习的新知识一目了然，启发他们探求新知识的主动性。同时，也培养学生关心时事和关注祖国发展的爱国情操。

在讲解辩证法联系观"世界是普遍联系的"，我把前一天的一则新闻告诉了学生：袁隆平说，中国有16亿亩盐碱地，其中有1亿多亩适合种植水稻。如果能在一亿亩盐碱地种植水稻，按照每亩最低产量300公斤计算，一年能够生产300亿公斤稻谷。

盐碱地是盐类集积的一个种类，是指土壤里面所含的盐分影响到作物的正常生长。我国碱土和碱化土壤的形成，大部分与土壤中碳酸盐的累计有关，因而碱化度普遍较高，严重的盐碱土壤地区植物几乎不能生存。然而，我们能够充分发挥主观能动性，让盐碱地发挥出它的最大价值。

这样的导入，让学生明白本框的主题是联系，同时为讲解联系的客观性作铺垫。事物的联系是客观的，并非说人们对事物的联系无法改变，人们可以根据事物固有的联系改变事物的状态，建立新的具体联系。

五、民族语言导入法

语言是人类最重要的交际工具，是人区别于其他动物的本质特征之一。中国历史悠久，人口众多，地域辽阔，民族语言十分丰富。针对我国少数民族较多的状况，在相关的章节，可以采用灵活多样的民族语言导入新课。这种做法其一拉近了民族之间的距离，其二水到渠成地进入新课的学习。

高一必修二政治常识"处理民族关系的原则：平等、团结、共同繁荣"，在讲解民族特点共同的语言时，我说了几句少数民族语言，这样的导入可以让学生近距离地感受到各少数民族的语言文化，增进民族团结。当然，由于地域不同，同一

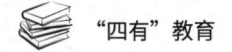

少数民族语言会有所差异。

  总之,新课导入是政治教学环节中必不可少的一环,与传统复习旧知识引出新知识比较,新颖的课堂导入更能激发学生兴趣,聚集学生的注意力,陶冶学生的情操,夯实学生的理论基础。这些符合学生成长年龄、贴近学生生活的案例,可以营造轻松的教学氛围,为互动教学的形成打下良好的基础,使学生耳目一新,从而收到最佳的课堂教学效果。

源头活水：即兴演讲

德国教育学家第斯多惠曾经说过：教学的艺术不在于传授本领，而在于激励、唤醒和鼓舞。在这些年的教育教学中，我愈发感觉到这句话的分量与意义。

授人以鱼不如授人以渔。在学习与生活中，要改变传统的一味填鸭式的教学。这种传统的教学方式严重阻碍了学生创造力的发挥，使学生在接受知识的时候处于被动的状态。这样的课堂无异于是死水一潭，失去了应有的生机与活力。

有这样一个故事，它改变了我初为人师的传统教学模式，使我大胆地在课堂正式开始之前，给学生现场命题进行三分钟的即兴演讲，使学生打开了思维的空间、开阔了视野、丰富了学科内涵。故事是这样的：

在一个边远的小山村来了一个自称超级魔术师的人，村里的妇人们说，他有一颗汤石，如果将这颗汤石放在烧开的水中，水就会变成美味的汤。于是，村里的人有的搬来一口大锅，有的抬来大桶的水，有的扛来大捆的柴火，在村庄的广场上开始烧开水。当锅里的水慢慢地沸腾起来的时候，魔术师小心地将手中的汤石放进锅里，然后舀了一勺汤尝了一口，笑眯眯地说："哇，美极了！要是再放一点儿洋葱，更美啊！"于是，有人拿来了洋葱。魔术师接着说："要是再放点儿肉片，味道更绝了！"于是，有人从家里取回来肉片。在魔术师的指挥下，人们纷纷拿来了生姜味精。最后，人们你一碗我一碗地享用着这绝美的石头汤。

我一直在想，其实，作为教育工作者，老师就是魔术师，那些非常配合的村民就是学生。只有老师引导有方，才能真正挖掘学生的潜能，开启学生的智慧之门，点亮学生的心灯。

有这样一位学生，在我给出的关键词"专注"中，这样演讲：

同学们，专，所以成事之本也。做事情需要方法论，专注就是一种方法论。从古至今，即使各种思想在人们大脑中游来游去，但是能够成就大事的人都有一个共同点：专注，专一。我们试看几个人的例子，有一位叫蒋廷黻的现代历史学家，此人厉害，当年拜学章太炎。两年来，他从未向外界说过一句话，就是为了学好各种学问，格物致知。朱熹对格物致知有相当深的研究，今天我就围绕格物致知给大家谈谈该如何专注。

格，是考核探究之意，当然，在古代也有杀害之意；物，物品，当然这不仅指客观上的物品，还包括主观世界；致，是获得；知指知识、真知、真理。古人说：实践是检验真理的唯一标准。但是前提必须是有我们需要实践的东西，这就需要我们去专心致志研究学问，学问怎么得来，从书上和生活中来，但是对于现阶段的我们主要从书上获得，所谓书籍

第二章 有智慧的教育

是人类进步的阶梯。书中有大量的知识,这是我们格物致知的一个途径。你对书中知识掌握的程度,决定着你在格物致知的路上能走多远走多深。

韩愈读书,因为他在书上做签注,找出相关知识,丰富这本书的内容,所以他把书读厚了。苏轼读书,要提炼书的精要,把书读薄,就像一大张驴皮最终提取那么一点儿阿胶一样。这两种读书的方法都是格物致知的两种重要方法,希望同学们有空的时候都找些资料来看一下,而且来分享一下怎么把书读厚、读薄。

我们接着举《史记》来说,这是司马迁的著作。可以说,《史记》是中国历史上第一部有规模成体系的纪传体史学著作。我们读《史记》,不仅仅只看他的文本内容,我们还可以找一些读书纪年,结合《春秋》《战国策》来看,就会得到更多对《史记》的基本理解。这是把书读厚。至于把书读薄,我们举大家比较熟悉的《西游记》,我们把它提炼最精炼的一句就是:一个男人和三只动物的西部旅行。至于沿途经历的九九八十一难,唐僧的袈裟被抢了多少回,被妖精绑架多少回,多少次被胁迫,孙悟空撒泼等都是该剧的具体内容。

同学们,专注是一种态度,更是一种品格,只要我们把这种专注的精神放到我们将来的学习工作中,我们必将成就属于我们的大业!

像这样的课前即兴演讲持续了整整一个学期,每一位同学都曾经当了一次小小演讲家,都不同程度地扮演了一回我

"四有"教育

是主持人的角色。正是因为此,他们从自卑走向自信,从内向走向外向,从不敢张口走向滔滔不绝。他们实现了心灵的呼唤,学会了聆听,学会了尊重。

最后,附上一学期学生即兴演讲的题目:

(1)专注　　　　　　　(2)女排精神
(3)配音秀　　　　　　(4)执着
(5)大数据　　　　　　(6)野广告
(7)诚信　　　　　　　(8)套路
(9)和谐　　　　　　　(10)命运共同体
(11)写给父母　　　　 (12)面对挫折
(13)我这样当市长　　 (14)撸起袖子加油干
(15)精准扶贫　　　　 (16)老班,我想对您说
(17)善待自我　　　　 (18)坚定
(19)人生处处皆考场　 (20)二孩政策
(21)迪拜　　　　　　 (22)早恋
(23)且行且珍惜　　　 (24)中国梦
(25)天宫二号　　　　 (26)港珠澳大桥
(27)共享单车　　　　 (28)青春
(29)转基因　　　　　 (30)洪荒之力
(31)PM2.5　　　　　　(32)黄金周
(33)一带一路　　　　 (34)微商
(35)抗疫精神　　　　 (36)FAST
(37)命运共同体　　　 (38)碳中和

班级小组建设这样建

新课标强调自主、合作、探究，小组建设是班级最基本的学习单元。通过小组之间合作交流，让每一个学生都积极参与学习，这对于合作意识的培养和团队精神的打造、发挥学生的主体作用，以及激发学生学习兴趣、感受集体的凝聚力、挖掘学生学习潜能、让学生获得心智的发展，具有举足轻重的作用。

一、小组的文化建设

（一）创设组名

小组名称，往往代表着一个小组的愿望，对于小组成员达成既定目标可以起到心理暗示的作用。一个朝气蓬勃积极向上的名字，可以使小组成员相互团结共同进步。每一个小组在取名的过程中，都绞尽脑汁地为本组设计一个漂亮的名字。有的通俗，有的粗犷，有的典雅，有的诗意绵绵。我2018届的学生，就有这些好听的小组名字：

第一组：Glory　　　　　第二组：Blackhorses
第三组：火锅杯　　　　　第四组：千古江山
第五组：RBC　　　　　　第六组：驭梦

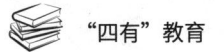

第七组：踏荆　　　　　　第八组：常青
第九组：Infinite　　　　　第十组：GPH 自然综合体
第十一组：Try again　　　第十二组：萌芽
第十三组：逆风之翼

（二）形成组训

所谓组训，又称小组口号，它是为激发小组内驱力而设计的。小组组训不必冗长，力求简短，富有极强的正能量。通常组训可以是歇后语、名言警句、格言，等等。我 2018 届的学生，就有这些组训：

第一组：行胜于言，王者绝非偶然。

第二组：我们没有翅膀，所以努力奔跑；我们没有天赋，所以慢慢进步。

第三组：三年饮冰，难凉热血；我所受的苦难，从未辜负雄心。

第四组：定拔头筹，舍我其谁。

第五组：狭路相逢勇者胜。

第六组：即使我们走得很慢，但我们从不后退。

第七组：前有标兵，后有追兵；远抛追兵，勇超标兵。

第八组：常青、勇往、直前、梦想。

第九组：我们的负担将成为礼物；我们受的苦将照亮我们的路。

第十组：做想做的梦，去想去的远方。

第十一组：既然选择了远方，便只顾风雨兼程。

第十二组：语数英、政史地、男女生、齐努力。

第十三组：挫折是存折，而不是骨折。

尤其值得注意的是，组训要具有人性化的特点，比如只要学不死就往死里学，这样的组训从科学性和可行性的角度来说值得商榷；组训不要傲气十足，比如"我命由我不由天"，"天欲灭我我灭天"，这样的组训没有考虑到在尊重客观规律的基础上发挥主观能动性；还有组与组之间的组训不要具有挑衅性质，比如"东风吹战鼓擂，老子究竟怕过谁"，这种组训火药味十足，容易引起小组之间不和谐。

（三）小组长的产生

小组长是一个小组的领头羊，一个小组最终是否出色，某种意义上与小组长有着直接的关系。因此，能够胜任小组长的同学，一定要勤快有责任心，敢于担当并且睿智，能很好地处理和协调本小组组员的利益关系，更好地为本小组服务。

二、小组建设应遵循的原则

唯物辩证法认为，构成事物的成分在结构和排列次序上发生了变化，也能引起质变。因此，在小组组建过程中，应该充分考虑组员学习能力、兴趣爱好、性别比例、科目强弱等因素，各小组人员最好在6人以内，人员过多不好把控，人员较少，失去互动的价值和可能。

"四有"教育

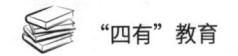

（一）自控能力搭配要兼顾

虽然高中学生整体自控能力较好，但是有部分学生因为家庭和个人等因素，对于自我调控能力较差，如果把这样的学生单独编组，结果这样的小组会因长期懒惰，影响自身的发展失去自信，同时还会对其他小组产生一定的负面影响，终究影响高效课堂。

故而在小组成员配置中，要把外向型与内向型同学、自控能力较好与欠差的同学安排在一起，鼓励外向型带动内向型、自控能力较好的监督自控能力较差的。当然，作为班主任要和科任老师对接好，定期或者不定期找到内向型和自控能力较差的同学交心谈心，千方百计寻求学生的闪光点，并予以一定的精神鼓励，从而培养其学习的自觉性和自律性。

（二）性别比例组合要适中

男女搭配，学习不累。心理学中有一种效应叫作异性效应，它是特指异性接触会产生一种相互吸引力与激发力，并能从中体验到难以言传的感情追求，对人的活动和学习通常起到积极的作用。同时，心理学研究表明，男孩子注重方法，女生注重过程；男生思维比较粗糙，女生思维比较细腻；男生注重全局，女生注重细节。

所以，在学习交流和学生成长的过程中，男女生的搭配，可以取长补短，完善个性，可以有效避免所谓的男生"女性化"或者女生的"男性化"，实现优势互补。并且可以增强彼此的推动力和约束力，在异性的面前，大家都想表现自己精彩的一面,发挥自己最大的潜能,同时还有一种内在的约束力,对自己的言行进行严格的规范。

(三)科目优势渗透要互补

俗话说:愚者千愚,必有一得。在小组的组建上,要尽可能兼顾每一个学生的科目特长。通常,一旦确定选科后,小组成员都是本组各科科代表,都是班干部,负责监督本组相关科目作业的完成质量及按时收交情况,负责把自己优势科目的学习心得和本组组员交流分享,形成兵教兵、兵练兵、兵强兵的良好学习氛围,让优生优势科目互补,科目后进生得到有效转化。科目优势的互补性能够实现组员事事有人做、人人有事做,在小组学习与管理的过程中人人参与,增强每一位同学主人翁的意识。

三、小组评价机制

小组评价的目的就是让小组成员学会合作、学会关心、学会以团队的力量去竞争。通过评价,可以发现问题找出差距。评价包括过程性评价和终结性评价。这样的评价,对于形成小组成员的集体观念,这对促进团队成员的合作是十分有效的。

马斯洛五种需求层次理论中,就有尊重需求。每一个个体都值得尊重。老师一个眼神、一句鼓励的话语都会对学生心灵产生震撼。小组评价一般由值日班长进行检查,检查依据为开学初制定的《小组成长记录本》,记录本内容围绕《中小学生守则》和《中小学生日常规范》进行设计,内容覆盖卫生、纪律、作业、课堂回答问题等。小组考评制度一周一小结,一月一总结。对优秀小组进行表彰,对落后小组进行鞭策。

当然,小组一旦确定后,并不是一成不变的。教师可以根据出现的新问题和发生的新情况,对各小组组员进行局部调整,使部分以合理健康有序的状态运行,达到整体功能大于部分功能之和。

总之,班级小组建设中,班主任充分利用好各位班干部,形成各小组长例会制度,定期召开小组会议,了解各小组思想动态和学习情况,对于小组出现的各种问题要及时整改,帮助每一位同学进步,推动班集体共同提高。

班级质量分析会召开技巧

德国哲学家雅斯贝尔斯曾经说过，教育的本质是：一棵树摇动另一棵树，一朵云推动另一朵云，一个灵魂唤醒另一个灵魂。

我最近看到一个很火的抖音视频，标题的名字叫作《生命影响生命》，讲述了三个牧马人在大草原上赛马时，遇到一匹陷入泥潭很深的马，三人不约而同下了马背，他们当中有人想把这匹马救出来，而有人却说失足陷进去的马一般是出不来的。他们不甘马的命运就这样结束，他们也试图想下去把马匹"挖"出来，但是终究还是失败了。此时，有位大哥说，兄弟，你回去把马群赶回来，看看它的运气了。随着一片马嘶声的到来，陷入困境的马匹抬起水面上的头张望。牧马人扬起皮鞭，不断抽打着群马的屁股。马群围着泥塘不断地奔跑，马蹄声、牧马人的呐喊声、马的号叫声，不断振荡在失足马的耳畔。一圈两圈三圈……被困的马匹抬起头，竭尽全力抬起前蹄，极其艰难地一点一点向前挪动。终于，它的前两只蹄子离开了水面。最后，它用前半身的力量，拖动着尾部的身躯，慢慢实现腿部的位移。在一片万马欢腾声中，它用最美的一跃，实现了生命线上最华丽的转身。

正如网络这样评价这段扣人心弦的视频：我们深深感受生命陪伴生命，生命影响生命，生命唤醒生命，感受到真正生命的力量。其实，我们在人生道路上，我们也会陷入生命的泥潭中不得动弹，真正能够帮助的是唤醒，是引领，是激发内在的潜能，对生命的渴望。当然，真正从泥潭中奔腾而出，除了别人唤醒和引领，更重要的是自己的觉知！

我特别喜欢雅斯贝尔斯的这段名言和网络上的这个视频，教育的本质还是一个生命影响另外一个生命，考试质量分析会就能起到这样的作用。

考试质量分析会，通俗地讲它是指在学生经过某一阶段的学习，在对学生的学习进行检测考试后，对考试基本情况、试卷特点、学生答题情况等进行考试质量的定性、定量分析，是考试质量分析的过程。这种作为教学过程中的一项常规工作，通过以考促教、以考促改、以考促进，达到教师教学反思、教研活动的完善以及学生的整体成长，使之真正贯彻教育的新发展理念和达成既定的育人目标。

有效开展质量分析会的方法很多，结合这些年来的教育教学经验，总结为以下要点。

第一，优化布置场地。

场地的布置要温馨，通常，可以把桌椅板凳沿着教室的四周摆成一个半封闭的矩形，讲台方向坐老师或者领导，其他三面坐学生。桌面上有每个同学名字的桌牌，桌面上摆放水果和茶水。黑板上板书"月考质量分析交流会"，这样的场景，给人一种轻松愉悦的感觉。要知道，不管是月考还是期中或者期末考试的分析会，它都是发现问题分析问题进而解决问题的会议，而不是批斗会。所以，这样的场景能够释放人的心理压力，现场拍摄的照片也可以成为同学们成长的记忆,若干年后会想起这段人生难忘的时光。

第二,配齐参与人员。

质量分析会不是动不动就开,如果频繁地开,那就没有任何质量,而且效率又不高。当然,一次有规格上档次的考试结束后,不要拖了很久再来召开质量分析会,那样会让人很快遗忘考查的知识点,没有及时对学生形成的错误知识点进行纠正。一般而言,对于某次需要召开的质量分析会,在学生进行考试期间就要做好参会人员邀请的准备,一旦成绩发布,随即召开。通常邀请参会的人员有学校领导尤其是分管教学的领导、年级部主任、所有科任老师尤其是心理老师。这样做的目的很简单,就是让同学们知道,老师很在乎质量分析这个事,进而引起同学们的高度注意。邀请的领导依次讲话,能够达到统一思想、统一步调、增添信心。

第三,有效分析数据。

这个环节主要由班主任完成,该环节在质量分析会中的作用尤为重要,数据往往是某些现象的表现,可以透过现象看本质。数据横向上应该包括各班班级均分对比、得分率对比、前50名不同分数波段的优秀率对比,纵向上要包括本班同学近几次的总分对比、前进和退步的名次数、前后得分率的对比、强势科目与短板科目的比照、稳步提升者名单、三大科优势者名单、三大科薄弱者名单、临界生和后进生名单(在自己的心里,不具体呈现出来)。

数据一旦分析完毕,接下来的工作就是任务的划分。临界生、后进生具体由哪些对应的学科教师负责,怎样实现临界生的跨越和后进生的转化，这些都要以方案的形式落实到位。同时，小组长要把本组的任务清单拿出来，谁帮扶谁？帮扶的时间和地点要具体化，形成夯实在学知识、补齐和巩固已学知识。

第四，交流敞开心扉。

每一次质量分析会都是同学们交流心得的机会，留足一定的时间，让同学们都有话说。基础相对较好的同学把自己高效率的学习方法和大家共享，让大家真正懂得不是每一个人都在走捷径，而是勤学苦练得到的学习成果。基础薄弱的同学上台谈了自己努力学习效率却不高的困惑，甚至有的同学一边说一边流泪，然后，同学们纷纷为他建言献计。小组长也纷纷出场了，他们谈本组成功的原因在于互帮互助，他们谈小组接下来的梦想和目标。班委会成员也积极发言了，他们总结班级进步的很多优点，也指出班级纪律和时间观念淡薄、主动学习意识欠缺、班级学习氛围有待提高等不足。

可以毫不夸张地说，一次敞开心扉的沟通，无疑是经过一次心灵的洗礼，同学们畅所欲言，说自己想说的话，做自己想做的事，梦想着自己的梦想，一股脑儿把心中的快乐与不悦说出来，缓解了心里的压力，有效防止不必要的抑郁。

总之，一次完美的质量分析会，不但增强了学生的目标意识，树立了远大的理想，而且培养了学生整体前进的意识和集体团结互助的观念，还有助于健全学生爱惜时间和关注细节的习惯。正如第斯多惠所说，教学的艺术不在传授本领，而在于激励、唤醒和鼓励。

第二章 有智慧的教育

教材与时事的完美对接

俗话说：得文科综合者得高考的天下。相比较而言，政治学科往往又是文科综合中易得分的科目。那么，在距离高考不多的时间里，究竟怎样才能在最后冲刺的日子里夺取政治科高分呢？我想应该是教材与时事的完美结合。

一、关于教材，注重知识体系的构建

作为即将走进高考考场的学生，应该对整个高中政治知识有一个点与点、线与线、面与面的知识框架。比如说必修1《经济生活》围绕"生产、分配、交换、消费"四大环节而展开，这些环节对应的单元应当了如指掌。假如考查到"市场与政府"，马上就要在脑海中浮现：为什么要配置资源？配置资源的手段是什么？在资源配置中，市场起决定作用。考查到"宏观调控"，要知道宏观调控实施的原因、方式、手段等。再如，考查到"科学发展观"，同样要把握其提出的原因、内涵及其措施等。必修2《政治生活》要掌握的线索为"一三三"，即一个根本政治制度：人民代表大会制度；三个基本政治制度：我国的政党制度、民族区域制度和基层群众自治制度；三大政策：民族政策是实施民族区域自治，宗教政策是宗教信仰自由；外交政策是独立自主和平。必修4《生活与哲学》包含四大主线索：辩证唯物论、唯物辩证法、认识论和历史唯物主义。以辩证法而言，必须熟记其包含四观：联系观、发展观、矛盾观和辩证否定观。联系的观点包括联系的特征、整体和部分的联系以及系统和要素的辩证关系；发展观蕴含的内容有发展的实质、原因、趋势、状态；矛盾观则涵盖了矛盾的普遍性、特殊性及特殊性和普遍性的辩证关系，"两点论"和"重点论"的统一；辩证否定观包含辩证否定的含义、环节、实质。

二、关于时事，注意考纲要求的时政时间及范围

纵观这些年的文科政治题目，不管是主观题还是客观题，均以时事热点作为题目的背景，主观题部分始终坚持了"题在书外，理在书中"这一特征。因此，教师在备考复习中就不要忽视这一重要环节了。在时政复习的过程中，教师要引导学生通过某一特定的时政，链接思想政治课本相关的知识点，并做出科学合理的阐述，达到有效的复习效果。

通常国际国内时事政治的复习既不要过早也不要来得太迟，因为过早容易打乱第二轮复习正常的节奏，如果过晚学生容易忘记书本知识，故时间最好安排在每年4月下旬和5月份上旬之间。

《伟大的改革开放》教学设计

课题名称：伟大的改革开放
年级：高一
课时：1课时
时间控制：讲授15分钟；活动15分钟；其他10分钟

一、教学分析

（一）教学目标

政治认同：认同只有中国特色社会主义才能发展中国，坚定"四个自信"。

科学精神：用唯物辩证法的观点分析改革开放。

公共参与：积极参与中国特色社会主义建设实践。

（二）教材分析

《伟大的改革开放》这一节课，是高中思想政治必修一《中国特色社会主义》这本教材中第三课的第一目，在课本内容中，承接上一课的"只有中国特色社会主义才能救中国"这一内容，从改革开放的角度来阐述为什么"只有中国特色社会主义能发展中国"。

课程内容主要是关于改革开放相关的各种知识，中国特色社会主义的建设就是由改革开放而起，因此本节课也可以说是学习中国特色社会主义的起点，可以引导学生思考在中国特色社会主义建设过程中，改革开放这一关键性决策的重要作用和历史必须性，培养学生的社会主义公民和国家意识，让学生坚定我们该走中国特色社会主义道路的决心。

（三）学情分析

学生是高一新生，对于高中学生来说，本节课内容较易理解，且学生从曾经的政治课程和日常生活中对改革开放的相关知识有一定了解。

所以在教学过程中要注重增加学生学习兴趣，使用可操作性和活动性强的设计，用翔实的史料和生动的课程内容带动学生，让学生把理论知识和已有的知识储备及周边案例结合起来，深切感知到改革开放的重要性。

（四）学习者特征分析

1. 知识基础：对于社会主义有一定了解，对于中国特色社会主义和改革开放有浅显认知。

2. 能力基础：高中新生学习能力较强。

3. 学习者特征分析：刚从初中升学，对于理论较多的高中课程还处于适应期，稍显活泼。

4. 学习动机：对新知识的求知欲；对故事的阅读欲；对参与课堂建设的兴趣。

5. 学习风格：活泼好动，倾向于自主学习，参与性和表现欲较强。

二、教学重点和难点

教学重点：改革开放的时代背景和历程；改革开放的性质和历史必要性；改革开放的意义。

教学难点：正确认知改革开放的伟大进程及意义。

三、教学准备

1.实验器材：多媒体器材。

2.助教资料：《山海情》电视剧相关剪辑，《春天的故事》歌曲及相关剪辑。

四、教学设计

（一）预习展示

1.教师活动：提问关于预习留下的问题，改革开放给中国人民带来的巨大变化（从衣食住行四个方面）。

2.学生活动：以小组为单位，展示收集的改革开放带来的变化的成果——可以用图片，视频或口头讲述的方式进行展示。

3.设计意图：让学生在课程开始前，提前了解改革开放带来的变化；以小组形式和自主展示的形式进行，增加学生的参与感和互帮互助精神。

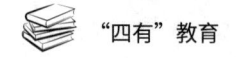

（二）改革开放的进程

教师活动：课件展示，改革开放历程中的不同阶段，起步阶段、全面展开阶段、深入发展阶段、全面深化改革新阶段。提出问题，各阶段的时间和标志和成果都是什么？

学生活动：看课件，从课本上找到对应内容。以小组为单位，从课本和之前预习时搜集的资料中明确问题的答案，并按小组进行回答展示。

设计意图：引导学生学习从课本所给出的材料中提取关键信息，进行归纳总结，最终整理成一个完整的知识体系，便于理解和记忆。锻炼学生带着问题找答案的答题能力，让学生能更快地获取有用信息，加快答题速度。

教师活动：视频展示，《山海情》电视剧相关剪辑A（以艰辛过程为主）；

穿插讲解，《山海情》电视剧剧情内容的时代背景；提出问题，电视剧所展示的是关于改革开放哪一个阶段的事情？为什么？

学生活动：观看视频剪辑，记录视频中出现的重点信息；小组讨论问题，推选代表进行回答，每组回答时间控制在2分钟左右。

设计意图：加深学生对于改革开放历程之中困难艰辛的了解；深化学生对于改革开放各阶段和知识记忆；锻炼学生的语言组织能力和表达能力。

（三）改革开放的意义

教师活动：视频展示，《山海情》电视剧相关剪辑 B（以村庄和百姓生活的前后对比为主）；穿插讲解，《山海情》电视剧剧情内容的情节解释；提出问题：

对视频内容有什么样的感受？为什么？

学生活动：观看视频剪辑，对比两部分视频的异同，从中找出关联性；小组讨论问题，推选代表进行回答，每组回答时间控制在 2 分钟左右。

设计意图：加强课堂的连贯性，由一个教学材料贯穿上下两章的课程内容，使过渡更自然，让学生更容易进入下一个阶段课程内容的学习中。

教师活动：课件展示，改革开放带来的变化；改革开放的伟大意义；提出问题，改革开放为何能取得如此巨大的成功？改革开放中都体现了哪些中国特色社会主义精神？

学生活动：根据问题认真研究课本内容和课件内容；过程中可以和小组成员进行讨论，从多个角度进行探寻，得出答案后进行展示，并就答案差异开展新一轮探讨。

设计意图：引导学生自主探究和了解改革开放所带来的巨大变化，明白改革开放对于中国的伟大意义，明确改革开放的历史必然性，知晓改革开放中所体现出的伟大精神。

（四）总结提升

教师活动：课件展示，课程内容小标题式思维导图展示。

学生活动：根据思维导图，自主串联课程内容，学习用

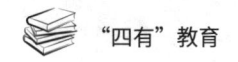

自己的话复述本节课大致内容。

设计意图：加深学生对课程基础知识的记忆，建立完整的知识框架。

教师活动：视频展示，《春天的故事》视频剪辑展示。

学生活动：观看视频，了解视频及歌曲的背景故事；自主讨论本节课学习内容和歌词关联。

设计意图：延伸课堂内容，升华课堂主题。让学生对改革开放的意义有更深的体会。

五、教学流程图

开始→预习问题引入→改革开放历程知识讲解→学生分析课本内容掌握基础→观看视频并探讨问题答案→进入第二阶段知识讲解→学生总结知识内容进行展示→师生共同整理课堂内容→升华课堂主题

板书设计：

伟大的改革开放 ┬ 改革开放的进程
　　　　　　　├ 改革开放的成就
　　　　　　　└ 改革开放的意义

六、作业布置

补充完整思维导图，将课程内容串联清晰。

七、案例分析

1. 课程结构设计清晰合理，从引入部分到阶段过渡都十分自然，可以让学生的学习和课堂总结都更有条理性。

2. 课程设计中加入了趣味性因素，可以激发学生的学习兴趣。

3. 学生探讨比重较大，增加学生自主性，提高学生学习积极性。

通过视频材料创造了良好的教学情境，让学生能更沉浸在课程内容中。

八、教学反思

1. 提供给学生自我展示的时间较短，无法让每个学生都展现自己，这点需要考虑更合理的方法。

2. 课堂内容和课本内容衔接仍然存在不流畅之处，要更注意素材的先进性与课本的契合度。

"四有"教育

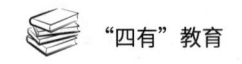

源于生活，高于生活
——高中思想政治如何实行生活化教学

高中思想政治对于学生素质教育的培养具有举足轻重的作用，高中阶段正是学生形成正确三观的重要时期，但是由于学生还没有完全深入社会，因此教师在进行高中思想政治教学的时候，应该使用学生熟悉的生活事例，展开生活化教学，让通俗易懂又蕴涵人生哲理的例子引领学生成长，帮助学生形成核心素养，使学生在生活中产生更多的正能量。相反，如果教师不采用生活化教学模式的教学方法，纯粹的理论讲解会让最终的教学效果不理想。

一、高中思想政治教学目标

在新课程改革不断推进的背景下，高中思想政治课程也提出了新的教学目标，在教学的过程中应当注重将学生的知识能力、情感态度以及价值观进行整合，最终形成思想政治学科的核心素养。思想政治学科的核心素养主要体现在政治认同、科学精神、法治意识、公共参与这四个部分。

首先，应当增强学生的政治认同素养。教师在进行教学的过程中引导学生明确中国特色社会主义制度的优势，通过学习也能够使学生呈现出较强的文化自信、制度自信、理论自信和道路自信，引导学生自觉拥护党的领导同时理解中国特色社会主义最本质的特征是中国共产党的领导。通过思想政治学科的学习使学生对我们应当建设什么样的国家、建设什么样的社会、做什么样的公民有初步的了解，从而坚定中国特色社会主义的理想信念。

其次，教师需要培养学生的科学精神素养，让学生能够利用马克思主义的基本观点来解决实际问题，能够理性解释经济、政治、生态以及社会实践中的问题，从而体现出人生智慧。引导学生利用负责任的行动和态度，促进社会和谐。

再者，教师还需要重视法治意识素养的培养，让学生能够认识法治是促进人类文明进步的核心，而法治是先进的国家治理方式，使学生树立法律面前人人平等、宪法至上、法律权威的观念。在日常生活中能够依法履行义务、依法办事、依法维权，最终推动社会和谐发展。

最后，需要让学生形成公共参与的素养，能自觉有序地参与到公共事务之中，遵循相应的规则。学生能够主动参与公益事业之中展现公共精神，践行公共道德。通过思想政治学科的学习使学生在进行民主管理、决策、监督的过程中履行自己的义务，充分表达自己的诉求，善于利用沟通来解决问题，真正体现人民当家作主。

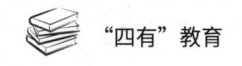

二、高中思想政治教学意义

（一）促进学生全面发展

高中生担负着未来建设祖国的重任，对他们进行思想政治教育意义重大。学生的思想政治意识是为人处事的重要基础，也是学生的发展重点。进行思想政治教育能够帮助学生提高道德素质，规范学生的思想行为，形成遵纪守法的良好品德。由此可见，对学生进行思想政治教育能够推动学生全面发展，将思想政治教育的优势发挥到最大。

（二）推进依法治国的实现

当前，随着我国依法治国的不断推进，每一所学校都高度重视学生思想政治意识的培养，以此推进依法治国的建设。在对学生的思想政治教育中融入生活化教学方式并将其与学生的学习规划和未来发展相结合，能够推进依法治国的实现。

三、高中思想政治生活化教学策略

（一）开展生活情景模拟

高中思想政治教学有很强的育人作用，教师把生活中的实际运用到教学过程中，通过对生活情境的模拟，达到课堂教学预期效果。

（二）多角度渗透情感教育

当前，高中思想政治教师在注重对于学生的理论知识培养的同时，还要对学生进行情感的培养。新课程背景下的情感教育尤为重要。所以，教师就应多角度对学生进行情感教育，以此来培养学生正确的三观。例如，班上有家长给我反映，说孩子叛逆不喊自己一声爸爸或者妈妈。我就在课堂上进行感恩教育，通过某位名人在小时候种植的树很好，后来自己在夜间观察树木生长的时候，才发现自己的小树长势良好的原因，是爸爸夜间给自己的树木悄悄浇水，以此告诉学生可怜天下父母心，培养学生的核心素养，为将来走进社会奠定基础。

（三）实施共享式教学模式

体验感和感知性对于学生课堂参与有很大的作用。因此，教师需要结合学生的个人特征以及学科的教学特性，构建共享式教学模式，从而提高学生的学习主动性。在实际教学过程中，教师可以按照学生的学习爱好、兴趣特点等把学生分成不同的小组，将"我们一起做"作为主题开展实践教学。比如，教师在讲解矛盾具有特殊性的时候，让学生走出教室，在秋天的校园里寻找"两片完全相同的树叶"，拿着树叶到教室比较，结果发现它们大小、形状、厚薄等方面都有一定的差异。之后再把捡来的不同颜色的树叶以小组为单位制作树叶拼图进行比赛，发现他们的作品形式多样风格各异，既装点了教室消化了知识，又增进了同学间的友谊。通过学生的

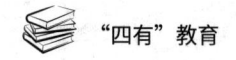

交流探讨和合作，使学生动手能力和合作能力都得到提高，也增强了小组和班级的凝聚力。

新时代背景下借力互联网聚焦思政课思维能力和核心素养细节

高中思想政治教学者在引导学生学习政治的时候,一定要重视教学方法的与时俱进和开拓进取,只有能够不断地创新和丰富自身的教学方法,教学者才能够真正赋予高中思想政治课相应的活力。在当下的这个互联网时代,教学者务必要真正懂得信息技术的意义,通过信息技术不断地丰富和发展自身的教学方法,并且能够不断地激发学生的学习积极性,使学生在学习高中思政课的时候感受到新意和趣味,提升自我的学习效率。

一、当下高中思想政治课的教学分析

(一)高中思想政治教师教学方法单一

一个真正成熟的教学者应该使用参差多态的教学方法不断地推动学生的进步,当下的高中教师在引导学生学习思想政治课的时候,务必要丰富并发展自己的教学方法,唯其如此才能够真正使学生在学习高中思想政治的时候得到充足的进步和提升。然而就当下的高中思想政治课的教学方法来分析的话,出现的一个显著问题在于教学者的教学方法单一刻板,教学者总是将高中生的思想政治的核心素养与应试教育紧密联系在一起，似乎只要是学生能够获取高分便意味着学生的核心素养深厚。这必然使学生在学习高中思想政治的时候有一种倦怠感，也不利于提升学生的学习效率。教学者应该对此进行适当地总结和反思。

（二）高中生缺乏对思想政治课的学习兴趣

高中生在学习高中思想政治课的时候，对于这门学科缺乏足够的学习兴趣，这也是极为普遍的现象，很多学生认为高中思想政治是一门无关紧要的学科，还有的同学认为学习这门学科的唯一秘诀就在于背诵。然而这些学习思路都是有着内在的问题的，教学者应该使学生感受到思想政治这门学科对于现实的影响力和推动力，通过转换学生的学习态度推动学生的进步。

（三）高中思想政治课的教学效率低下

由于高中生缺乏足够的学习兴趣，又因为教师缺乏足够的教学创新力，使师生之间的配合不好，达不到满意的效果，而学生在思想政治课上的学习效率也提高不快。高中生无法提升自我的学习效率原因有二，一个原因是自己的主动学习能力不足，在思想政治课上的积极性不足，这显然制约了学生的学习效率；其次是教学者的教学方法缺乏创新，这也必然使学生无法释放自身的学习潜能，在学习政治的时候以一种浑浑噩噩的态度敷衍了事。

二、教师如何通过互联网技术推动高中思政课的教学工作

（一）通过互联网技术创新教学者的教学方法

高中阶段的思想政治教师把互联网技术引入到高中的课堂上，就是要丰富并发展自己的教学方法，使学生感受到政治学习的趣味和意义，不断地改变自己对于高中政治课的片面认识和肤浅理解。教学者在引导学生学习政治的时候，对于自己而言也是一个很重要的学习和锻炼的机会，教学者应当将"活到老，学到老"的意识充分地纳入自己的灵魂，并且能够在教学工作中将这种观点付诸实践。当下是一个信息技术时代，教学者应该和时代共同进步，将互联网技术作为高中思政课的重要推动力，使学生在先进技术的推动下不断地优化自我。

例如教学者在给学生讲解马克思主义哲学的相关内容时，可以利用好思维导图，将若干个散乱的知识点用思维导图串联起来，使学生在头脑中构筑出相应的知识框架图。同时，教学者还可以更好地通过翻转课堂来确立学生的学习主体地位，使学生在高中的思想政治课上提升自我的学习积极性和自主性。如果教学者发现学生在学习高中思想政治的时候，有着很明显的学习短板，教学者也可以利用好微课技术，及时地帮助学生查漏补缺，使学生真正提升自我。

（二）通过互联网技术激发学生的学习热情

高中生对互联网有一定的认识和熟练操作程度，教学者

之所以在高中思想政治课上借鉴互联网技术，是因为这种方式可以提高学生的学习兴趣，进而喜欢上这个科目。当教学者制作出一幅幅美妙的PPT图片的时候，学生也能够在心情愉悦的情况下认真地学习思想政治。当学生的心情愉悦的时候，自身的学习效率也能够实现重大的提升和相应的突破。

（三）通过互联技术丰富课程的知识容量

高中思政课教师不但要使学生认真地学习高中思政课，并且也要使学生在每一堂的思政课上全面地释放自我的学习潜力，学习到更多的、更重要的知识。例如教学者给学生讲解中国的国体、政体、宪法及具体法律的时候，可以结合时政要闻，增强课程的实效性和针对性，使学生增强自身的学以致用能力，增进自我对于高中思政课的认识和理解。

（四）使用互联网技术的注意事项分析

高中教学者在引导学生学习高中思想政治课的过程中，之所以要运用互联网技术，其目的是提升学生的学习能力和学习效率，并不是使学生为了使用互联网技术而使用互联网技术。教学者务必要督导好学生，使学生端正自己的学习态度，令其感受到思想政治课的内在意义和关键作用，如果学不好政治课，对于自己未来的生活和工作会产生消极影响，因此每个学生都应该扎实提升自我的思想政治课的核心素养和思维能力。

综上所述，高中思政课教师应该成为一个与时代共同进步的好教师，不断地结合时代赋予的先进的技术条件，不断地优化自身的教学方法，使学生在学习高中思政课的时候不断地提升个人的学习热情和学习效率，同时也能够真正转换学生对于思想政治课的认识和态度。教学者在高中思想政治课上使用好互联网技术也是为了能够使学生在短暂的课堂时间内学习到更多的、更重要的知识，从而能够使学生更加优秀。

"四有"教育

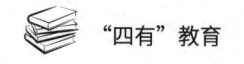

习惯养成在文科综合解题中的重要性

一、关于选择题

(一) 解题方法：三审三排法

所谓"三审"，第一审题干，通读材料，了解材料归属教材的知识板块；第二审指向，明确题目要求的解答内容；第三审题肢，题肢的说法要紧扣材料。所谓"三排"，即排异、排误和排重。排异，是指题肢与题干没有联系，属于答非所问现象；排误，是指题肢说法本来就是错误的描述；所谓排重，是指题肢的描述间接重复题干。

(二) 填涂方法：一涂二标三忌

一涂是指选择题做完后，要及时涂卡。如果考生没有先填涂答题卡，当监考教师提醒距离考试结束还有15分钟时，你必须停下正在作答的主观题并对答题卡进行填涂。二标是指在试卷上对模棱两可的客观题题号进行标记号。为避免因忘记而遗漏标有记号的单选题，建议考生先蒙一个选项进行填涂。三忌是指很忌讳对单选题进行第二次判断，毕竟经过两个半小时的考试以后，学生的判断力不见得比第一次判断力要好。

（三）时间要求

作答35个单项选择题时，尽量把时间控制在30～40分钟。只有这样严于要求自己，才会为后面主观题的作答留下相对充足的时间。

（四）其他环节

每一个单选题选项的填涂一般使用2B铅笔在答题卡的小矩形方框内进行一个来回地填涂，否则浪费宝贵的作答时间；2B铅笔的墨痕不要淡，以免因碳元素过少评卷系统无法识别；填涂不要拖泥带水，使填涂超出的部分因与相邻的矩形方框相连，从而给评卷系统带来了误判的"机会"；涉及需要修改的选项，必须用考试专用橡皮仔细轻擦干净后再将正确的选项予以填涂。

二、关于主观题

（一）答题"五部曲"

第一，注重切入语，观点要明确；

第二，牢记找标点，信号在其中；

第三，用好专业语，莫说大白话；

第四，取有效信息，引材料论述；

第五，角度要发散，思维毋俗套。

（二）具体规程：构思，包括以下环节

1.深刻解题意。仔细阅读题目提供的各种材料，勾出材

料关键词，捕捉有效信息。

2. 真正明设问。注重设问指向的角度，拟出答题的粗略要点。

3. 力求清思维。注意辩证思维与逻辑思维的综合运用。

（三）组织答案包括如下程序：

1. 按设问要求，抓住材料，运用专业的学科语言，分层次、条理化地进行回答。

2. 作答模式包括三部分。一是要求阐述原理；二是要求结合材料。作答时通常先简明阐述原理，然后再结合材料；三是要使用必要的时政化语言。

3. 答案的组织力求全、准、快、精。

全——知识点要全，不要遗漏应该具有的要点。

准——回答的要素要准确，不要答非所问。

快——获得解题信息、构建知识树、筛选有效要点、下笔组织答案要快。

精——语言精练，使用专业化的语言，不要随意堆砌无关文字。

我当了一次侦探

一个周末的清晨,一阵急促的敲门声把我从睡梦中惊醒。学生小海气喘吁吁地跑进我的宿舍,上气不接下气地说:"老师,我钱包里的钱丢了。""里面多少钱?""一千多块。"学生边哭边说,"这是我爸爸给我的两个月的生活费啊!"还没有等我回答完毕,小海补充了一句:"老师,今天我上床的小王同学起得最早,我怀疑是他干的;还有,小军今天看我的眼神很有回避的感觉,我也很怀疑此事与他有关。"

盗窃,我不敢把这个词语和我带的学生联系起来,这还是我带班以来发生的第一件"盗窃案"。怎么处理呢?连我自己都是懵的。"别急,老师有办法。"我安慰着这位来自边远农村的学生。

趁学生还没有起床,让"现场"不受到破坏,我马上披上衣服,在宿管老师的陪同下,和学生一道走进了事发寝室。

"同学们,今天,在我们寝室出现了一件很不光彩的事情,可能大家都已经知道了,昨天晚上小海钱包里的钱丢了,数量不少,只留下皮夹。"我提了提嗓音,斩钉截铁地接着说,"我想,此事与我们寝室同学有一定的关系,原因如下。

"小海刚刚告诉我,昨天晚上睡觉的时候,他是最后一个上床的,在上床之前,他还特意摸了摸门锁,再次确定门锁是反锁才睡觉。从这个角度,我基本判断不是其他寝室进入

"四有"教育

我们这间寝室。

"各位同学请注意，刚刚我戴着手套仔细看了小海同学的皮钱夹子，我之所以戴手套的原因就是避免我在这个钱包上留下指纹，大家应该知道指纹的意义，它是公安机关侦破各种大小案件的有利线索，尤其是各种难以侦破的案件。一旦公安机关介入，有效利用你留下的指纹锁定了此事的嫌疑对象，那么你一生的前途可能就彻底完了（高一的学生比较单纯，很容易就听进我的话）。

"我在刚刚给大家说话的时候（我边说话边环顾了寝室里的八位同学），我发现有位同学的脸红了（其实大家的脸色一样，我也没有盯着哪一位同学看）。俗话说做贼心虚，为人不做亏心事，半夜不怕鬼敲门。所以，我建议大家中午时分不要留在寝室里，留时间给那位不小心拿错钱夹的同学，请他把拿错的钱放到小海的枕头下。

"此事不容许任何同学对外说出去，如果说出去，别的班级的同学会对我们另眼相看（考虑到怕伤及同学的自尊心和影响班级团结）。"

时间在一分一秒过去，眼看快中午了，我的内心依然很忐忑。说句实话，这种某种意义上的无头案，如果没有学生承认，我也没有办法。

就在我纳闷的时候，学生宿舍的门打开了，小海按捺不住内心的高兴对我说："老师，那个东西回来了，您真行！"

望着小海满面的笑容，我连声说道回来就好！那一晚，作为班主任的我想了一夜。我想此事不能就此罢休，我要通

第二章 有智慧的教育

过此事拯救更多的灵魂。周一的下午我要召开一个"如何做人"的主题班会，避免今后再次发生类似不愉快的事件。

同学们，今天的主题班会，我要和大家共同探讨交流如下几个问题：

首先，生活中我们不要动辄怀疑别人（万一小海当时怀疑的对象是错的），我们说怀疑是很正常的，但是，这种怀疑必须建立在客观的事实和已有的规律以及缜密的逻辑推理上。这里有个故事，我想和大家分享一下。

《智子疑邻》是一个成语典故，出自《韩非子·说难》中的《颜则旭篇》。宋国有个富人，有一天下雨那个富人家的墙被毁坏。他儿子说："如果不赶紧修筑它，一定会有盗贼进来。"隔壁的老人也这么说。这天晚上果然丢失了大量财物。他家人很赞赏儿子聪明，却怀疑偷盗是隔壁那个老人干的。这个故事后来又有雷同版本，说的是有一户人家丢了斧头，失主的儿子怀疑是邻居家的孩子偷的，所以连邻居孩子走路的姿势看起来都特别像偷斧子的人。后来，他们家丢失的斧子在山沟里找到，失主家的儿子发现，邻家的孩子怎么看都不像偷斧子的人了。

其次，不要随便说话伤害人。俗话说：良言一句三冬暖，恶语伤人六月寒。

在《钉钉子和拔钉子》中讲到，有一个脾气很坏的小男孩，动不动就生别人的气和砸东西。有一天，小男孩请求爸爸帮他的忙改掉坏脾气。爸爸说："今后你每发一次脾气，你就在我们家屋后的栅栏上钉一次钉子，如果你在一天里没有发脾气，就不要钉钉子。"第一天，小男孩往栅栏上钉了很多钉子，后来他慢慢地发现克制自己的脾气比钉钉容易得多，因此栅栏上的铁钉也慢慢地变少了。当他高兴地把坏脾气改了的这个好消息告诉爸爸的时候，爸爸很欣慰。父亲接着说："在今后的日子里，当你一整天没有发脾气的时候，你就把栅栏上的钉子拔掉一颗。"不久，小男孩坚持了很多天没有发脾气，栅栏上的钉子也全部没有了。正当孩子高兴之余，爸爸说："孩子，栅栏上的确没有钉子了，但是它们却伤痕累累。当你向别人发脾气的时候，你相当于在别人的心灵深处钉钉并且留下了伤疤，你可以对别人赔礼道歉说对不起，但是留在别人心里的伤疤依旧在。"

最后，不要虚伪，做一个真实的人，不属于自己的东西不要乱拿。

有一篇材料作文：天帝想要为鸟类立一个王，指定一个日期，要求众鸟全都按时出席，以便选它们之中最美丽的为王。众鸟都跑到河里去梳洗打扮，寒鸦知道自己没有一处漂亮，便来到河边，捡起众鸟脱落下的羽毛，小心翼翼地全部插在自己的身上，再用胶粘住。指定的日期到了，所有的鸟都一齐到了天帝的面前，天帝一眼就看到了花花绿绿的寒鸦，在众鸟中显得格外的漂亮，准备立它为王。众鸟十分生气，纷纷从寒鸦身上拔下属于自己身上的羽毛。于是，寒鸦身上的羽毛一下子就没了，又一次变成了那只丑陋的寒鸦。寒鸦用虚伪遮住了自己的真实，到头来等于搬起石头砸自己的脚。

考前心理调适

临近高考，考生易于焦虑和紧张。更有学得好的考生开始担忧自己的实力可能发挥不好。基于这些现状，我想以下做法可能对大家有抛砖引玉的作用。

第一，充分发挥励志视频的作用。

老师可以在自己的科目上课前，播放5分钟左右的励志视频，内容可以是《永不放弃》《鹰之重生》等。这样做的好处，一来可以一改高三看似枯燥的课堂，二来可以让学生感受音乐的力量和文化对自身的陶冶。

第二，用好每周班会课。

临近高考的一个月的每个周一的班会课，老师们可以让班干部把教室布置成座谈会的场景，和大家进行诸如击鼓传花、成语接龙、丢手绢等有趣的活动。当然，这样的活动还很多，还有和学生散散步、打打球、吃吃饭等，目的很简单，就是让学生心里的压力得到释放。

第三，与个别学生沟通交流。

和学生进行私底下心灵的谈话至关重要，还记得有一年离高考只有3天了，别班的一位女同学问我："老师，我最怕经济学计算题和图像题，怎么办？"看看时间已经来不及了，我就开玩笑说："不要怕，今年这两种题型都不考。"结果当年果真没有考。当然，我也没有想到当时对那位学生的安慰果真成就了她的高分梦。可见，善意的谎言有时还是挺有用的。

第四，班主任每周寄语。

在班上的墙壁上悬挂小黑板，上面写上每周班主任寄语（语言不要暴力还要健康和有内涵）。这些励志的语言可以营造一种良好的班级氛围，也可以培养学生健全的人格，使学生在学习和将来的工作中遇事不慌处事不惊。

第五，充分发挥学校心理咨询室的作用。

现在由于留守儿童增多、独生子女现象、青春期身心变化、家庭问题以及家长片面追求教学成绩而忽视心理健康教育，导致即将高考的学生有心理问题的逐年增多。为帮助这部分学生克服因高考遇到的各种心理健康与行为问题，促进其身心健康发展，校园心理咨询室可以达到竭力为学生打造"心灵驿站"、帮学生打开心窗、摆脱不良情绪、获得成长助力的目的。

小故事，大哲理

在班级管理过程中，可以充分发挥小故事大道理的育人作用。这些故事通俗易懂却蕴含深刻道理，会对学生一生产生积极的影响。

一、买头花的女孩——让自卑者插上自信的翅膀

有的学生性格比较孤僻，甚至很自卑，我总会把这个故事和他们进行沟通交流，旨在在他们心里装满阳光。

在美国的一个小镇上，住着一个和妈妈相依为命的18岁女孩，女孩自幼失去父亲，她一直和母亲靠做手工品用以维持贫困的生活，女孩从来没有自己漂亮的衣服和首饰，因此她很自卑，这就是她生命里的缺憾。

就在她18岁那年的圣诞节，妈妈破天荒给了她20美元，并对她说，这是你的劳动所得，你用这个给自己买个圣诞礼物吧。她简直是大喜过望，但是她还没有勇气从这个小镇上堂而皇之地走过，她捏着这个钱绕开人群，贴着墙角，走在路边上，一路上她看着所有人，都认为这些人的生活比她美好。她心中不无遗憾地想说，我是这个小镇上最抬不起头来的一个寒碜的女孩子。路上她看到了自己特别心仪的小伙子，

她就酸溜溜地想：今天晚上有个盛大的舞会，不知道谁是他舞会上的新娘，谁能够有这个荣耀呢？

　　她就这样一路嘀嘀咕咕躲着人群，来到了那个商店。一进门她就觉得自己的视线被刺痛了，她看到那个柜台上摆着一批特别漂亮的缎子做的头花、发饰，正当她看得发呆的时候售货员就叫她：小姑娘，你过来，你的亚麻色的头发那么漂亮，我挑一个淡绿色的头花给你戴上。她一眼看到价签，写着16美元，她先说我一定买不起，我不试了，这个时候那个售货员已经把头花给她戴上了。拿起镜子跟她说你看一眼，就在她看一眼的时候，她突然就惊呆了，她觉得这一朵头花改变了她整个人的容颜，突然之间，她变得像一个天使一样容光焕发，她从来没看到过自己这个样子。她就特别惊讶地想说，有如此神奇的力量，那我买了吧。所以她就飘飘欲仙地掏出钱来买了。人家找给她四美元的时候，她仍然像飘着一样转身就往外飞跑，然后咣一下，撞在一个刚刚推门进来的老绅士身上，然后她隐隐约约听到那个老人叫她，她就飘飘忽忽地跑了。

　　一路上她就在想，我怎么会有了如此的改变，她不知不觉地就跑在了小镇最中间的大路上，她看见所有人迎向她，都是惊讶的目光，她听到人们在议论说，这个镇子上还有这么漂亮的女孩子，她是谁家的女孩子，我们怎么从来不认识她？就在这个时候，她又一次踫到了她暗暗喜欢的那个男孩，那个男孩也很惊讶，叫住她，说，我有没有荣幸请你做我今天晚上圣诞舞会的舞伴？这个女孩子简直心花怒放，她想了想,说我索性就奢侈一回,我手里这四块钱我回去再给自己买点东西。所以她又这样一路飘飘然地回到了小店。她一进门就看到那个老绅士微笑着站在那儿。这个老人对她说,孩子,我就知道你会回来的,你刚才撞到我的时候这个头花就掉下来了,我一直在等着你回来取回它。

教师不经意的一句话,可以从根本上拯救一个孩子失落的心灵。正如美国教育心理学家古诺特博士说:在经历了若干年的教师工作之后,我得到了一个令人惶恐的结论:"教育的成功和失败,'我'是决定性因素。身为老师,我具有极大的力量,能够让孩子们活得愉快或悲惨,我可以是制造痛苦的工具也可以是启发美感的媒介,我能让人丢脸也能叫人开心,能伤人也能救人。"

二、茶师和武士——用沏茶之心善待高考

每一次高考临近的日子,我都会把这个故事送给毕业班的考生,给他们打气和加油!

日本江户时期有一个著名的茶师,这个茶师跟随着一个显赫的主人。有一天主人要去京城办事,舍不得离开茶师,就说,你跟我去吧,好每天给我泡茶。那可是一个社会很不稳定的时期,武士依恃强力横行无忌。这个茶师很害怕,对主人说,您看我又没有武艺,万一路上遇到点事可怎么办?

主人说，你就挎上一把剑，扮成武士的样子吧。茶师只好换上武士的衣服，跟着主人去了京城。一天，主人出去办事，茶师就一个人在外面。这时迎面走来一个浪人（无主家的流浪武士），向茶师挑衅说，你也是武士，那咱俩比比剑吧。茶师说，我不懂武功，只是个茶师。浪人说，你不是一个武士而穿着武士的衣服，就是有辱武士的尊严，你就更应该死在我的剑下！茶师一想，躲是躲不过去了，就说，你容我几小时，等我把主人交办的事做完，今天下午我们在池塘边见。浪人想了想答应了，说那你一定来。这个茶师直奔京城里面最著名的大武馆，分开人群，直接来到大武师的面前，对他说，求您教给我一种作为武士的最体面的死法吧！大武师非常吃惊，他说，来我这儿的所有人都是为了求生，你是第一个求死的。这是为什么？茶师把与浪人相遇的情形复述了一遍，然后说，我只会泡茶，但是今天不得不跟人家决斗了。求您教我一个办法，我只想死得有尊严一点儿。大武师说，那好吧，你就为我泡一遍茶，然后我再告诉你办法。茶师很是伤感，他说，这可能是我在这个世界上泡的最后一遍茶了。他做得很用心，很从容地看着山泉水在小炉上烧开，然后把茶叶放进去，洗茶，滤茶，再一点一点地把茶倒出来，捧给大武师。大武师一直看着他泡茶的整个过程，他品了一口茶说，这是我有生以来喝到的最好的茶了，我可以告诉你，你已经不必死了。茶师说，您要教给我什么吗？大武师说，我不用教你，你只要记住用泡茶的心去面对那个浪人就行了。

这个茶师听后就去赴约了。浪人已经在那儿等他，见到茶师，立刻拔出剑来说，你既然来了，那我们开始比武吧！茶师一直想着大武师的话，就以泡茶的心面对这个浪人。只见他笑着看定了对方，然后从容地把帽子取下来，端端正正放在旁边，再解开宽松的外衣，一点一点地叠好，压在帽子下面，又拿出绑带，把里面的衣服袖口扎紧，然后把裤腿扎紧……他从头到脚不慌不忙地装束自己，一直气定神闲。对面这个浪人越看越紧张，越看越恍惚，因为他猜不出对手的武功究竟有多深。对方的眼神和笑容让他越来越心虚。等到茶师全都装束停当，最后一个动作就是拔出剑来，把剑挥向半空，然后停在了那里，因为他也不知道再往下该怎么做了。此时浪人扑通就给他跪下了，说，求您饶命，您是我这辈子见过的最有武功的人。

俗话说：天有三宝日月星，人有三宝精气神。高昂的精神能够催人奋进，萎靡不振的精神使人消沉。在通往高考的路上可谓是千军万马挤过独木桥，考生应该以饱满蓬勃的状态，以故事中主人翁的泡茶心理，面对考试中的任何困难，迎接人生的各种挑战。

三、三个裁缝——既要仰望星空又要脚踏实地

我们有的学生，在学习中总是好高骛远，总是夸夸其谈，然而忽略了自己的实际情况，总以为自己是这个世界上最出色最完美的人，而看待别人的时候总觉得别人低人一等，于

是清高浮躁，结果不但事情没有做成功，反而失去了好多知心的同学和朋友。

有一则关于三个裁缝的故事：

在一条小街上，三个裁缝开了三家裁缝店，每一家都想招揽最多的客人。第一个裁缝挂出一块大牌子，上写：我是本省最好的裁缝。第二个裁缝一看，觉得我要比他更高一点儿啊，于是做了一块更大的牌子，上面写着：我是全国最好的裁缝。第三个裁缝想了想，难道我还能写是全世界最好的裁缝吗？想了半天，最后他做了一块很小的牌子挂出去，结果这条街上的客人都来第三家，前两家变得冷冷清清。第三个裁缝的牌子写的是什么？上面写道：我是这条街上最好的裁缝。

四、三只田鼠——尊重每一个个体

在现实生活中，有的老师会讨厌班级调皮的学生，甚至会忽略他们的存在。也许，下面这个故事会改变此类老师的看法。

有三只田鼠，在深秋的田野里生活着。一只田鼠在田野里搬运着稻穗米粒，准备着过冬的粮食，一只田鼠到处找来棉絮和稻草，为解决过冬的寒冷而奔波着。而第三只田鼠却在田埂上悠闲散着步，一会儿抬头看看天，一会儿低头看看地，一副自在模样。那两只田鼠看到了，非常气愤，一起指责它游手好闲，不务正业。听着它们的批评，第三只田鼠也不辩解。终于，冬天真的来了。三只田鼠一起挤在狭窄的耗子洞里，不缺粮食，不缺温暖。可是整天待在洞里，却感到十分无聊，日子过得很不舒心。正当大家百无聊赖的时候，第三只田鼠开始给大家讲故事了：讲它在秋天的田野上看到一个小孩子怎样嬉戏，讲它在小池边看到老人怎样散步，讲它在秋天所看到的一切风景。原来，这第三只田鼠也做了过冬的准备，它在深秋的季节储备了过冬的阳光。

班集体的建设，需要一个个鲜活的个体共同参与，没有谁是班级的局外人。世界上每一个人都有自己的亮点，正如没有大海的广博，可以有小溪的清幽；没有天空的深远，可以有白云的闲逸；没有大树的挺拔，可以有小树的秀丽。记住：没有人是完美的，同样没有人是一无是处的。

"四有"教育

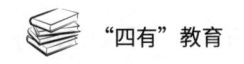

一张"假币"引起的思考

开学初,为了更好地提高办事效率,学校要求每个班由班长统一把学费收好后再交到财务室。我来到教室,对班级收费做了相关的安排。

首先,费用由班长逐一来到每一位同学的座位上收交,所以请大家务必准备好现金第二天早上统一收取。

其次,由于不许带手机进入校园,所以交费方式全是现金,不接受微转等。

最后,我对大家都比较信任,所以此次收费不用验钞机。

第二天早上,班长满脸紧张地跑到我的办公室对我说:"老师,完了,刚刚把钱收完,但是我发现这张百元纸币好像有问题。"接着,她把这一张钱羞涩地递到我的面前。

我一面安慰班长不要紧张,这张纸币与她没有关系,一面请她回了教室。在教师办公室里,面对这张好像洗衣服的时候不小心被洗皱的纸币,我仔细"看""摸""甩",结果验证我的直觉是对的,这种纸币真的有问题。办公室的同事一听是假币也围了过来,他们你接过去摸一摸,我接过来看一看。有位有经验的同事,从衣兜里取出一张半新的百元币,把这一张可疑的纸币直接重合在它的上面,然后说:"这钱尺寸上明显短了半截,所以不用怀疑,这是一张假币。"

"这是一张假币,不会吧!我明明给学生打好招呼的,我信任他们,所以连验钞机都没有用。"我非常生气地来到教室。"同学们,今天是我最为郁闷的一天,有同学居然用假币骗我。"我用双手捏着这张假币的两端,通过班级投影仪展示这张币和真币对比的情况,显然少了指甲月牙白的宽度,教室里一片哗然。

"不会吧!是谁欺骗老师。"

"该死,胆大包天的人。"

"谁干的好事,有本事站出来。"

大家你一言我一语地接着话说。

"各位,听好了,这张钱是谁交的?请下课以后来我的办公室。"我非常生气地走出教室,回头又补充了一句,"这是我工作以来第一次碰见的情况,丢人现眼啊!"

叮铃铃,下课的铃声一响,办公室的门陆陆续续被敲开。

"老师,那张钱是我的吗?"

"老师,那张钱应该是我交的。"

"老师,您别生气,那张钱我来赔。"

……

看着他们纯净的眼神,看着他们眼眶里委屈的泪水,我心软了。

"同学们,你们怎么这么说这张假币是你们的呢?"我改变了先前的口气轻声地问他们。

有同学说:"老师,昨天周日,我在校外的超市里,用微信给收银的孃孃换了现金。"有同学说:"老师,我是在校外餐馆那里,用微转的方式给老板换的现金。""老师……"

"四有"教育

还没有等到他们说完，我大概就知道问题出在什么地方了。同学们，都不是你们交的。我把他们请回教室，自己跟在他们后面，再次来到教室。正好上课铃声响起，教室里没有像往常一样进行课前朗读，一片安静，大家一副委屈的样子。

同学们，非常感谢大家的诚信，就在刚才我大概找到答案了，假币的来源，应该是校外，有好几位同学在外面用微信和老板换钱，绝对是有不讲诚信的老板看见大家涉世未深欺骗了大家。今天，我们班上的同学很自觉，一下子来了那么多同学，怀疑这张币是自己交的。这样，今天这张百元假币由我来贴补。不过，以后大家得到一个经验，那就是不要在外面换现金，包括换零钱，外面有一些黑心老板，专门对付单纯的你们。同时，我还趁机教会大家识别假币的几种通用方法。教室里又恢复了读书的声音。

我带着班长把费用转交给财务，不过，在虚荣心的驱使下，我没有对财务工作人员提及此事，并且早早地把这张假币单独放在衣兜里。

随后，我抱着最后一丝希望来到银行。"大哥，请您给我看看这一张钱，朋友还我的，他说是真币，我说是假币，请您给我验证一下，谢谢！"

"这钱没有问题啊！"工作人员一边把钱放进验钞机一边肯定地说，还把验钞笔反复对这张纸币进行检查。最后，给我换了一张崭新的百元币。

我忐忑不安地走出银行的大门，我该怎样给我的学生解释呢？或者就把这个事情将错就错认为是假币算了吧？不行，那样的话，等于欺骗了我的学生，让他们在中学时代多了一个不愉快的记忆。那我该怎么办呢？

一个念头从脑海闪烁而过：道歉。为师者，要有担当，要敢于承认错误，这是对同学们最好的教育，这也是做人的最基本道理。

我走进超市，将银行换来的这张纸币再加几十块钱买了两大包零食，在晚自习的时候走进班级的教室。

"同学们，今天，我非常对不起大家。"教室里很安静。"今天，我错怪了大家，我下午在银行里请工作人员进行验证，那张被我说成假币的百元钞是真币。"教师里开始出现不服气的议论声音。

"同学们，今天的这件事情告诉我们，任何事情没有调查就没有发言权。我为什么对一张没有经过专业人员的检验的人民币就信口开河。我非常懊悔，对一张纸币的真假胡乱定性，让可爱的大家受到委屈，我内疚了一个下午。为了表示我真诚的歉意，今天我把这张钱在银行里换了，然后给大家买了一点零食，大家人人有，希望能够得到大家的理解和包容。"

学生们笑了，教室里响起了热烈的掌声。

"四有"教育

心理效应在班级管理中的运用

一、破窗理论

这么多年的班主任带班经历，我发现在学生管理过程中，会出现弹簧现象，即你硬他就软，你软他就硬。所以在学生的教育教学中，班主任要宽严相济，松弛有度，谈话能够达到这样的效果。

一般而言，对于那些所谓的后进生甚至被贴上差生或者坏学生标签的学生，如果班主任老师没有做好这样学生的思想工作，没有和班干部达成帮扶这种学生的想法，没有和科任老师之间形成对这部分学生的帮助，如此以往，这些学生就会被边缘化甚至孤立化，让这些学生觉得自己没有存在的价值，于是产生了厌学的现象，干出了不可思议的事情。

这种教学中的"破窗理论"告诉我们，和学生的谈话应该常态化，不要以考试论英雄，这样的学生首先要解决的是习惯问题。一周谈一次，一月总结一次，让学生知道你是在关心他，没有放弃他，不断树立学生的自信意识。

二、蝴蝶效应

在西方，流传着一首民谣：丢失个钉子，坏了一只蹄铁；

坏了一只蹄铁，折了一匹战马；折了一匹战马，伤了一位骑士；伤了一位骑士，输了一场战斗；输了一场战斗，亡了一个帝国。这种由极其微小的变化引起的意想不到的结果，就是蝴蝶效应的体现。

哲学告诉了我们：事物的发展是量变与质变的统一，一切事物的发展都是从量变开始的，量变是质变的必要准备，质变是量变的必然结果。所以，在班级管理中，要注意一些负能量的细节问题。比如，班级有人乱扔垃圾和吐痰的问题；值日生不认真值日问题；学生迟到问题；学生谈恋爱问题；学生不诚信问题；学生书本乱丢乱放问题；学生上课精力不集中问题；学生边听歌边学习问题；学生临下课坐不住问题。

以上这些问题，要第一时间私底下和学生进行沟通交流，让学生懂得"勿以恶小而为之，勿以善小而不为"的道理，让学生懂得细节决定成败的逻辑，并持之以恒形成良好的习惯。正如美国成功学大师拿破仑·希尔说："习惯能够成就一个人，也能够摧毁一个人。"还有我国现代著名文学家教育家叶圣陶先生也说："好习惯养成了，一辈子受用；坏习惯养成了，一辈子吃亏，想改也不容易了。"

三、反馈效应

反馈一词，引自物理学中的一个概念。心理学借鉴了这一概念，强调学习者对自己一段时期学习效果的认知和了解，这种了解对于学习者后期学习效率的提高，起到了刺激和鼓励的作用。

　　对于学生学习情况的反馈，可以分为线上和线下反馈。通常，线下反馈是指在学校里在课堂上对学生学习的检测。一般而言，可以通过课前发言、课堂作业以及阶段性考试对学生进行学习反馈。课前发言能够了解学生对新课知识的预习情况，有助于培养学生的自主学习意识。课堂作业可以帮助老师掌握学生当堂学习效果，对教师课堂反思也有极大的反馈作用。阶段性检测覆盖了各种周考月考期中和期末考试，考试之后，把学生各科答题卡找出来，依次请各科任老师针对答题卡上呈现的问题，利用晚自习的时间对学生进行一对一的解答。这样既可以让学生觉得你在关心和重视他，又可以帮助学生查缺补漏，避免下一次检测再次出现类似的错误。

　　线上反馈是指依托于网络在网络上发起，并全部或绝大部分在网络上进行的反馈，于网络上发布作业信息、上交时间、作业批阅的流程。线上反馈一定要有完整的流程、周密的步骤、严格的检查，否则就会流于形式。在停课不停学的网课教学和寒暑假期间，这种反馈方式尤为重要。如果反馈过程不注重细节，那么整个反馈就会流于形式，不但不能使学习效率提高，反而让学生整个在家的时间荒废。

　　作为班主任老师，首先应该建立班级科任老师的教学群，同时把他们拉进本班学生群。在进行线上反馈的前一天，班主任应当和科任老师进行有效沟通，请各科任老师布置好次日的作业，并告知自己的科代表，科代表安排各小组长，在次日晚上9：00之前由相应的小组长预先收集并进行大体的检查。收集形式主要通过各位同学把作业进行水印拍照，再由小组长把作业分类压缩打包发给科代表，科代表发给科任老师，科任老师检查完毕反馈信息给班主任，班主任老师再根据老师们反映的情况，把当天的作业情况在预先建立好的家长群里进行反馈，让家长了解孩子在家的学习情况并根据老师反映的情况和提出的意见，和孩子进行有效沟通，达到有效督促的目的。

当然，寒暑假时间也要保持良好的作习规律，周一到周五早上8：00是学生学习打卡的最佳时间，同样需要采用以上班级群打卡报到的方法。班主任充分发挥小组长的作用，由小组长统计没有打卡和打卡迟到的同学名单，发送给班主任，再由班主任发送给相应的家长，了解学生未打卡或者打卡迟到的原因，以此督促学生早睡早起，有效利用早晨最佳时光。

四、詹森效应

詹森效应是指平时表现良好，但由于缺乏应有的心理素质而导致正式比赛失败的现象。日常生活中，造成这种现象的主要原因是得失心过重和自信心不足。因此，教师要帮助学生树立一分耕耘必定有一分收获的自信心，让学生能够在决定人生的关键时刻，给自己交出一份满意的答卷。

谈及自信心的培养，教师在平时的教育教学中，要经常

"四有"教育

运用诸如"试一试""你肯定做得不错""你一定能行"的赞美语言鼓励学生,鼓励很讲艺术,不是无中生有。比如在某一个难题基础较好的同学没有回答正确的时候,抓住有利契机,提及一个与该问题有关的较为容易的问题,对基础中档或者薄弱的学生进行提问,当这样的学生一旦回答出来,就要抓紧时间把掌声送给他,让此类学生顿时获得自信和尊严。

自信心的建立,还需要教师引导学生正确认识自我。班级有位后进生,在考试中经常没有考好。他在和我主动聊天的时候告诉我,每次考试后,他把班级考在他前面的全部同学的名单都写在一张纸上,然后贴在课桌里,每天上课的时候就先看看这些同学的名字,久而久之,非但没有把成绩搞上来,还产生了一些负面情绪。针对这一情况,我先鼓励了他的不甘落后的上进心,并认可了他新颖的做法,然后引导他把抽屉里张贴的名字更改为每次考试排在自己前面的一位同学,小距离大目标,以此循环往复。按照这种方式,这位同学最终在时进时退中,慢慢取得进步,最后考取自己理想的大学。

当然,这样的心理效应还比较多,以下心理效应对于教师教育教学可以起到极大的作用。

1. 近因效应　　　　2. 青蛙效应
3. 鲶鱼效应　　　　4. 晕轮效应
5. 木桶效应　　　　6. 马太效应
7. 瓦拉赫效应　　　8. 刻板效应

第二章 有智慧的教育

9. 南风效应　　　　10. 培哥效应
11. 迁移效应　　　　12. 糖果效应
13. 权威效应　　　　14. 投射效应

第三章　有信仰的教育

信仰是一个人的内驱动力,是一个人精神内核不可或缺的因素,没有信仰,就没有美德。教育是一项需要信仰的事业,让有信仰的人讲信仰,教育者应成为具有教育信仰的人。

"习语"润心灵，探索新实践

众所周知，思想品质对一个人来说，是非常重要的。高中学生处于人生的重要阶段，对他们进行思政教育就显得十分重要。思政课在高中学生中的思想指导作用非常重要，金句如同指导高中青少年理想的舵手，指引他们树立正确的人生奋斗目标，学深悟透习近平新时代中国特色社会主义思想，这是高中生今后学习成长道路的宝贵精神财富。"青年志存高远，就能激发奋进潜力，青春岁月就不会像无舵之舟漂泊不定"。这句话时刻在我们耳边响起，激励青少年奋发前行。

提升高中生的思政课核心素养，培养他们爱国、爱党、爱社会主义，引导他们坚决拥护中国共产党，并忠诚于中国共产党，认同党的政治观点，与中国共产党统一思想。在以习近平同志为核心的中国共产党的领导之下，让习近平总书记的系列讲话，进入到学生的头脑中，进入到他们的言语中，进入到他们的行为中，进入到他们的心中，并且滋润他们的心灵，并促进我们思政老师对高中思政课一体化建设的实践探索。

作为高中生思政课老师，对习近平总书记的讲话，要给予高度重视，努力研究学习讲话内容，做到深刻领会，并要在课堂上观看纪录片，体会习近平总书记讲话的实时视频。充分利用科技手段，展示习近平总书记讲话的历史背景和现实意义。把习近平总书记对青年教育的高度重视的态度，采用多种教学手段和方法，做到讲得浅显易懂，让学生能够立刻明白，深刻领悟到他们将是国家的栋梁之才，是祖国的未来，是中华民族的希望，肩负重大的历史责任和使命，要树立坚定的伟大理想信念，为未来投入到社会主义建设中做好思想准备。

例如，学习《历史和人民的选择》这一课时，引入习近平总书记经典语言：时代是出卷人，我们是答卷人，人民是阅卷人。同时播放我们国家有关发展历程的视频，让学生们了解国家发展历程的同时，也可以列举一些讲述我们革命先烈的革命事迹，让学生们感受到中国共产党人的革命精神，以及他们为共产主义理想奋斗的奉献精神，进而体会到"天下兴亡，匹夫有责"的经典名言，这是我们建设中国特色社会主义的财富，也是高中生所要修养的人格品质，让新时代高中生朝着真善美的方向发展前行。

作为高中思政课老师，对高中生的思想品质教育起到很重要的作用，要让习近平总书记的话语滋润到高中生的心灵，并净化他们的心灵。随着社会不断地发展与进步，高中思政课坚持与时俱进，让思政课前后教学衔接紧密，紧密衔接现实生活，紧密衔接社会时政热点。推动高中思政课一体化建设，让思政课的教育目标符合新时代的要求，要对学生加强思政教育，屏蔽现代化网络对学生的思想腐蚀。所以新时代思政课老师，要努力提高自己的理论知识，更加认真学习习近平总书记讲话，研习思政课的核心内容，理论联系实践，结合身边发生的文化层面、经济层面、政治层面等社会现实情况，来教育引导我们的学生，让他们透过事物的现象了解本质，懂得去伪存真，懂得明辨是非，扎实并稳固自己的思想根基，有助于高中思政课一体化建设的实践与探索。

高中生处于非常重要的关键阶段，关系到祖国未来的发展，需要我们思政老师精心培育和引导，要深入贯彻落实习近平总书记的讲话精神。高中思政课要结合习近平总书记在2019年3月18日主持召开学校思想政治理论课教师座谈会上的重要讲话精神，紧跟时代步伐，让思政课为高中学生未来走向正确道路保驾护航，为高中学生树立为祖国奋斗的远大志向的目标指引方向。高中思政课是需要不断持续进行的教育，我们要不断地改善、优化、完善我们的思政课教育内容和目标，要坚持不懈地实践与探索，用新时代中国特色社会主义思想铸魂育人，为祖国培养一批批新时代的合格建设者和可靠接班人。

"四有"教育

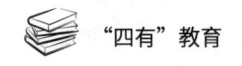

爱拼才会赢
——第20届女足亚洲杯夺冠的思考

2022年2月6日,第20届女足亚洲杯决赛中国队与韩国队的比赛在印度新孟买举行,本次比赛承载了无数中国人的梦想和激情,距离上次女足在亚洲杯的夺冠已经整整十六年,这期间的曲折磨砺,都在这届的赛场上展现。看到赛场上姑娘们的无惧和拼搏,不禁让人热血沸腾、激情满满。女足姑娘们用拼搏和智慧,最终以3∶2实现大逆袭并绝杀对手,为我们每个中国人做出了榜样。

一、坚持向前、永不放弃

女足这次打得并不容易,上半场0比2,加上王霜受伤下场,女足的力量进一步削弱。此时,好多球迷都感觉希望不大,甚至已经做好了失败的准备。有的球迷们在弹幕上打出:可以了,战胜日本队已经知足了;不是冠军,亚军也不错。虽然这些话都是对女足的肯定,可是我们的女足姑娘却没有放弃。下半场开场依然艰难,在第67分钟,一次点球机会,唐佳丽一脚给女足点燃了希望之光。4分钟后,唐佳丽重新回来,加上张琳艳头球攻击,整整74分钟的落后局面,被奋不顾身的女足姑娘们扳平了,希望之火愈加可期。中国队与韩国队进入焦灼状态，90分钟正常赛时后，不得不进入加时赛。加时赛无论精神还是体力都需要姑娘们有更强的素质支撑，凭着一股必胜的决心和任性，加时赛最后肖裕仪的一记进球，女足姑娘为这次亚洲杯画上了完美的句号。

女足姑娘们在落后70多分钟的局面下，不放弃、不气馁，不放弃一丝希望，用自己的坚韧拼搏赢得了最终的胜利。

二、迎难而上、团结协作

韩国队是亚洲的足球强队，这次中国女足对决韩国队本就是以弱对强，再加上主力王霜的无奈退场，中国女足更是雪上加霜。上半场韩国队显示了足球强队的状态，第27分钟时便以防守反击，进球得分。上半场结束前，韩国队抓住机会又进一球。上半场结束，韩国队遥遥领先。此时球迷们感觉夺冠已没有希望，然而女足姑娘们并没有放弃，她们改变战术，下半场开始第67分钟左右，张琳艳射门制造点球机会，唐佳丽抓住主罚这次机会，为中国队扳回一分，这一分如同给姑娘们注入了强心针，姑娘们的进攻越来越猛烈，第71分钟，唐佳丽助攻，张艳琳头球进攻，姑娘们完美配合，终于2比2扳平韩国队，女足姑娘们更加充满信心。加时赛对女足姑娘们的体力提出了更大的挑战，关键时刻肖裕仪一脚定乾坤，女足姑娘们终于在最后时刻3比2领先韩国队，夺得了本届亚洲足球赛的冠军。

肖裕仪进球那一刻，水教练热泪盈眶，女足的坚持终于

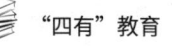

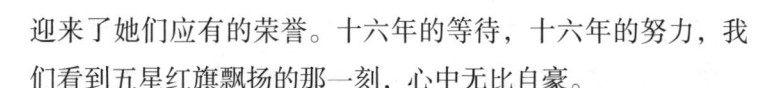

迎来了她们应有的荣誉。十六年的等待,十六年的努力,我们看到五星红旗飘扬的那一刻,心中无比自豪。

风雨彩虹铿锵玫瑰,下半场女足姑娘们的精彩离不开大家的相互配合,这其中的每个环节都不可或缺,姑娘们的大局观,团结一致的精神,成为这次决赛最后取得胜利的关键。

三、敢于拼搏、为国争光

新孟买女足杯亚洲杯比赛,中国女足可谓一波三折,步履艰难。与日本队比赛前,女足核心队员王霜因为在训练中受伤崴了脚,因为王霜是女足的主队员,为了迷惑日本队,水教练让王霜和大家一起上场。其他队员都围在王霜周围,尽量不让王霜活动。这个障眼法成功迷惑了对手。王霜在脚部受伤的情况下依然在赛场上坚持,王霜的这种拼搏精神正是我们女足姑娘们的真实写照。

在王霜下场的情况下,与韩国队的决赛中,小个子张艳琳的头球,爆发了大大的能量。韩国队两连射时3号队员王晓雪挺起胸膛,背着手,用胸口挡住球,正是这个动作才没让对手有点球机会。这个动作让人感动。用胸膛堵球不是王晓雪第一次这样做,与日本队比赛时,也曾用这个动作,当时半天都没有起来。女足姑娘们的这种拼搏精神值得我们每一个人学习。

相隔十六年,中国女足重回亚洲巅峰。这其中的辛苦不言而喻,当五星红旗飘起,水教练的眼泪夺目而出,这一刻,所有以往对她的质疑都一扫而光；当五星红旗飘起，女足姑娘们热泪盈眶，这一刻，所有的伤痛、艰辛都化作了骄傲和自豪。女足的胜利，不单单是中国足球的胜利，更是中国女足精神的胜利，更是中国人坚韧不拔永不放弃为国争光精神的体现。

"四有"教育

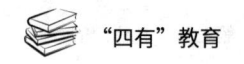

开展党史教育,树立人生信仰

建党一百周年,回顾建党历程,学习党史具有重大现实与深远历史意义。中共中央办公厅印发的《关于推动党史学习教育常态化长效化的意见》文件精神,常态化学习就要把党史教育融入课堂,使之成为高中政治课堂的一部分,让校园生活充满党史氛围,让党史于有形无形之中滋养学生的理想和价值观。建党以来为人民服务的宗旨不改,百年如一日,为我们的祖国和人民不懈努力、拼搏、前进。高中青少年正是学生树立理想和人生价值观的形成和确立时期,此时学习共产党红色党史,有利于青少年建立正确的理想观念,坚定"四个自信",树立自己的人生信仰。

一、结合课堂 传承党的精神

(一)寻找党的足迹

中华民族精神的形成和发展离不开中国共产党人的革命精神传承和发扬,要让青少年学生了解中国共产党人的革命精神,各地可以充分利用本地的红色资源,去探访党的历史或者去本地党史博物馆,了解党的成长历史。如果本地没有这些资源,就让学生利用网络工具,梳理党的历史足迹。

（二）读党史

结合时事政治，老师可以带领学生做一次共同阅读活动，比如习近平总书记《论中国共产党历史》，深入总结了党在百年奋斗历程中铸就的伟大精神谱系，长征精神、延安精神、井冈山精神、西柏坡精神等都被收录其中。这本书特别适合做共读学习，习近平总书记在不同的地点，不同场合的讲话，对中国共产党的发展历程更具有针对性的理解和学习，比如河北调研讲话，着重强调了西柏坡精神；比如其中的《牢记初心使命，走好新时代的长征路》，等等，我们可以按时间轴共读，每读到一个阶段，就让学生通过查找资料、探访博物馆等方法把这个阶段有关党的发展和重要事件的背景、原因、过程了解透彻。资料性的解读结束后，来一个历史场景大复原，如果把你放在当时的环境和时代中，你最有可能成为谁？

（三）看有关描写党的影视作品

历史是革命传统教育的主要载体，是学生系统认识中国共产党领导人民为民族解放和社会主义事业英勇奋斗的历程。看影视作品应该是学生们最喜欢的活动，比如《觉醒年代》这部电视剧，比较具体的描述了当时共产党成立的历史背景和成立的驱动力。这部电视剧鲜明地刻画了许多学生耳熟能详的人物，比如李大钊、毛泽东、陈独秀、蔡元培等。学生大部分是从课本中认识这些人物的，每篇课文都是从某一方面来描写某个人物，致使他们对这些人物的认识也是片面的，看了这部电视剧以后，学生不但了解了建党初期的艰难，更

"四有"教育

能从不同角度了解各位前辈,理解他们的惊人壮举,更了解到原来伟人是伟人,也有同于常人的一面。这样有利于他们向共产党人学习,为自己树立远大理想找到标杆。

还有《苦难辉煌》纪录片,这部纪录片多角度披露了众多鲜为人知的历史资料,真实还原了中国革命党史的许多历史场景,同学们看后感慨万千。

二、举办爱党活动 传承党史文化

从建党以来,经过百年的发展历程,中国共产党人早以用自己的实际行动把中国共产党的历史刻入了我们的文化长卷中。党史文化已经成为我们历史文化中不可或缺的一部分。从满目疮痍的旧中国到巍然屹立的大国之都,我们的党带领我们走过的每一步都值得我们传承。

七一建党节,是我们学习党史,传承党的百年红色文化最好的机会。政治老师一定要抓住这个机会,大力弘扬党的文化。从党旗的寓意、党的信仰到党的坚持给学生寻找主题。利用建党节,可以让学生做党史黑板报、党史文化长廊等活动,促进学生自主学习党史的积极态度。

高中阶段是青少年树立信仰和目标的关键时期,我们要利用好政治课堂这个平台,为高中的青少年做好引导,把握好他们理想的方向盘,把他们培养成为能够担当民族复兴大任的新时代好少年。

坚定成长步伐，传递红色信仰
——让红色文化与教学同行

2021年是中国共产党成立100周年。一百年来，中国共产党经历的磨难和不易，带领我们从一穷二白的旧中国走向繁荣富强的现代化新中国。百年来，中国共产党人的信仰和精神已经深深地扎根在我们心中。这种红色文化和信仰已经成为源远流长博大精深中华文化的一部分，这种红色文化值得我们学习和发扬，这种信仰值得我们去传递，让青少年得到红色文化的滋养，特别是高中阶段的青少年，更要把中国共产党的红色信仰传输下去，把这种红色文化传承下去。

我们要把红色文化融入日常教学中，把红色文化融入到校园文化中，让学生随时随地接受红色文化的熏陶，开展红色文化走进校园，走进高中课堂的活动。

一、红色书籍阅读月

每月推荐红色读物，以班级为单位，老师推荐与个人查阅相结合。

比如:《红岩》《青春之歌》《闪闪的红星》《林海雪原》，等等。在规定的时间内，看谁读红色书籍数量多。安排布置学生阅读任务：每读完一本要用PPT或者手抄报的形式，展

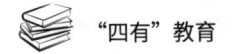

示书籍主要内容和读者的感受。

活动同样以班级为单位,手抄报和PPT挑选本班的优秀作品进行年级巡展。这种活动不但让学生感受到了我们红色文化的魅力,也促进了学生的阅读能力,达到学会互相欣赏互相进步的效果。

二、红色诗词飞花令

红色诗词飞花令,准备时间大约两周。收集我们学过的有关中国革命的诗词,举行红色诗词飞花令比赛。

例如:可以借此机会学习毛泽东诗词,如飞"红"字:看红装素裹,分外妖娆;看万山红遍,层林尽染;如今天下红遍,江山靠谁守?红军不怕远征难,万水千山只等闲……

飞花令可以参考中央电视台《中国诗词大会》节目形式举行。不但让学生熟悉了红色文化,也让学生了解了更多的诗词,让学生看到我们的共产党人能文能武,给学生树立正确的学习榜样。

三、献给党的一幅画

以党的生日为主体,进行绘画大赛,以年级为单位,作品可以是水墨、油画、彩铅或者铅笔画,作品可以反映党的成立、新中国的成立,等等。主题一定要鲜明并且积极向上,比如中国共产党建党、建国的都可以。比赛分初赛和决赛两阶段，初赛作品由学生书画社团匿名投票，选出一定比例的学生进入决赛，决赛以现场命题、现场作画的形式，不但促进了学生提前了解有关红色文化的主动性，同时也锻炼了他们的现场应对能力、思维能力。最终决赛成果评选可由学校专业美术老师和学生会主要成员自主投票的方式确定，获胜者给予一定的奖励。

四、红色革命故事演讲

红色革命故事演讲可以结合红色书籍阅读进行，书籍阅读后，每个人可以精选某一本书的某一个情节，制作PPT进行演讲，演讲要包含故事发生时间、地点、经过和对这个故事的感受，等等。

五、红色文化融入校园

校园要有专门的红色文化区域，比如活动的长廊，可以做一个革命简史文化长廊；校园黑板报可以做红色文化专栏；学校广播站每日固定时间做"红色之声"广播节目。

红色文化是我们中国共产党人用艰苦奋斗谱写的一部新中国发展史。之所以是红色文化，是因为它是无数革命先烈牺牲自己的生命，用鲜血染红的一部文化史诗。这部史诗正是共产党人对党对人民的一种坚定信仰，这种信仰贯穿于我们新中国的整个发展史，这种发展史也成了我们中华文化中不可或缺的一部分。建党百年以来，中国共产党带领广大中国人将满目疮痍的旧中国建设成一个雄伟屹立的东方强国。中国共产党的这种信仰值得我们发扬传承，中国的发展需要我们把这种红色信仰和红色文化代代相传。

　　青少年正是我们传承红色文化和红色信仰的载体，高中学生正值风华年少，思想逐渐成熟、精力充沛、好奇好学、可塑性很强。我们要把红色文化和红色信仰在此时种在他们的心中，引导他们树立远大抱负，把共产党人不怕牺牲、坚韧不拔，为了自己的理想、为了祖国的未来不屈不挠、勇于拼搏的精神发扬光大。

唤醒学生沉睡心灵的晨宣

看到这个题目，也许你会问，什么是晨宣？晨宣，顾名思义，就是早晨的宣誓。作为政治科任老师兼任班主任的2018届高三（1）班，人称铁军一班，这个班级在毕业的那一年，从周一到周五的每天早上都要进行晨宣。

铁军，当初引用这个作为班级的名号，主要的原因，就是在这个班级里，大家都必须践行只为成功找理由不为失败找借口的名言。在这个班级里，构建班级铁的精神和铁的品格，坚决做到拥有打不垮折不断的刚强意志。于是，铁军的班级名号应运而生，这就是这个班级叫作"铁军一班"的来历。

高三这一年，铁军一班会在周一至周五的每天早晨准7点，由我带着班上所有学生进行晨宣。全班同学起立抬头挺胸，紧握右拳于耳旁，整整齐齐饱满深情地宣誓：

我是15级一班的一员
我以铁军的名义宣誓
我要做雄鹰
翱翔苍穹
我要做勇士
信马由缰

"四有"教育

誓以青春为纸奋斗为笔
书写人生美丽的华章
无论山有多高路有多远
我将一往直前
在追寻诗与远方的路上
与青春同行
与梦想同在
我行
我一定能行

宣誓人：

当全班同学以"集体吼叫"的方式在每天的同一时间重复着这一动作时，当全班同学一双双忽闪忽闪的眼睛望着前方的时候，当大家齐刷刷地把高举右拳放下来的那一瞬间，我和孩子们一次次坚定了前行的方向。

晨宣的目的，是对学生进行思想上更深层面的教育，蕴含着所有学生的理想和追求，在铿锵有力的宣誓声中，大家在彼此的声音里，用共同的音调呼唤彼此的干劲，喊出大家奋斗的激情。在大家共同的宣誓里，大家一起捍卫集体的力量，一起筑起坚不可摧的荣耀之墙，让青春的热血在奋斗的年华里尽情燃烧。

铁军一班彼此都用任何解释都是苍白无力监督自己。在高三那一年，我和全班风雨无阻，总是在每一个清晨的早自习，一次次和同学们宣誓，没有谁会迟到，都在竭尽全力地守护着我们的精神家园。大家相互安慰相互激励，用彼此对未来的向往形成强有力的向心力和凝聚力，在彼此的勉励和监督中风雨同舟。

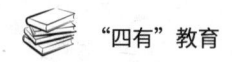

"霸王花"在强军梦中绽放

一、新闻热点

2014年11月11日10时许,伴随着巨大的引擎轰鸣声,6架红、蓝、白三色涂装的歼-10表演机分别以单机、双机、三机编队依次拔地而起,直入云霄。俯冲、盘旋、开花、滚转、筋斗……20余分钟的表演,衔接紧凑、干净利索。

当战机落地,飞行员摘掉头盔、取下墨镜,观众惊奇地发现其中有两位女性——飞行员陶佳莉和余旭。她俩和盛懿绯、何晓莉,同为中国空军首批歼击机女飞行员,飞行时间都在800小时以上。

二、热议锐评

军营"霸王花"风雨铸辉煌。

鲜花因盛开而美丽,人生因奋斗而精彩。近年来,随着越来越多的莘莘学子投笔从戎,女兵成为部队建设不可或缺的力量,她们在平凡的岗位中找到了自己的用武之地,在拼搏进取中实现了自己的人生价值,在追求卓越中塑造绿色年华。她们扎根基层默默奉献,立足岗位学习成才,无论是驻守在繁华都市,还是值勤在偏僻山沟,她们都把最美好的青春时光奉献在岗位和成才之路上。

汗水去娇气，风雨铸辉煌。这是一群特殊的集体，她们素颜质朴，散发青春活力；练兵场上，她们栉风沐雨、摸爬滚打，彰显士兵本色；她们，就是中国女兵！且看军中"花木兰"，她们，敢拼敢闯，是永不服输的"花木兰"；她们，热情大方，是和蔼可亲的"大姐大"；她们素质过硬，是令人生畏的"霸王花"。在追逐梦想的旅途上，尽情挥洒青春的汗水，在军营这所大熔炉里加钢淬火，百炼成钢，只为等待遇风成花的美好瞬间。

"四有"教育

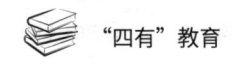

基于学科核心素养构建高中思想政治活动课堂

活动课堂主要是运用活动的形式，在教师的引导下让学生根据已学知识和已有经验，通过各种活动探究新知识。在高中思想政治教学中，教师可以基于学科核心素养构建活动课堂，通过各种实践活动培养学生的学科核心素养，在提高学生解决能力和合作探究能力的同时，全面发展学生的思想道德修养和政治理论，让学生具备政治认同、科学精神、法治精神、公共参与意识，从而让学生学会学习并且健康地成长。

一、高中思想政治学科核心素养概述

在高中思想政治教学中，教师通过教学能够让学生掌握马克思列宁主义、毛泽东思想、中国特色社会主义理论体系等内容。

教师要注意培养学生的学科核心素养，主要有政治认同、科学精神、法治精神、公共参与四个方面的内容，这四个方面共同作用，能够促进学生的思想进步，使其养成良好的行为习惯。政治认同是让学生对中国共产党和中国特色社会主义认同，要用理性的思维坚决拥护中国共产党，坚决支持中国特色社会主义理论体系，践行社会主义核心价值观；科学精神是一种实事求是、求真务实的精神,要让学生在马克思主义哲学和世界观、方法论的指导下,坚持真理,尊重客观规律,提高自身素质;法治精神在近年来尤受重视,指让学生在学法、用法、守法的基础上积极参与法治社会的建设;公共参与是政治生活中的重要内容,体现了责任担当和人民当家作主的内容,强调让学生具备集体主义精神,积极帮助他人和参与政治生活,行使政治权利和履行相关义务。

二、如何基于学科核心素养构建活动课堂

(一)开展时政学习和辨析活动

在高中思想政治教学中,教师要改变传统的以自身为主导的教学方式,要引导学生积极地参与课堂教学,使学生变被动学习为主动探究,通过引导学生开展时政学习和辩论活动,让学生以小组合作的方式进行辨析,利用时政消息表述本组的观点。学生可以通过范例引入的方式展示观点,将国际国内重大新闻事件充分与教材内容相结合,突出高中政治的学科核心素养,在这个过程中培养学生的政治核心素养。

如在教学时,教师可以引导学生通过小组合作的方式,开展时政学习和辩论活动,让学生从经济生活、政治生活、文化生活等方面辨析相关内容。通过活动,学生体会到了坚持中国共产党领导和中国特色社会主义的重要性,懂得了要具有实事求是的科学精神,同时要积极地参与小组探讨,努

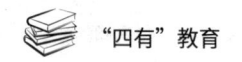

力学习科学文化知识，体现出公共参与的素养。

（二）开展议题研讨和分析活动

在教学时，教师可以通过开展议题研讨和分析活动，为学生渗透学科核心素养的内容。这种活动课堂模式主要是让学生通过某项议题，展开交流和分析，通过将政治理论结合实践案例分析的形式，学生能够在这种活动中体现出政治认同、科学精神、法治精神、公共参与的学科核心素养。

如在"绿水青山就是金山银山"的议题中，教师要引导学生进行分析、研讨，结合实际案例进行表述。例如，这个议题是对"五位一体"总体发展布局的一种实践应用，是统筹当前利益和长远利益，让人与自然和谐发展的一种应用。我们应通过运用经济、法律和行政手段提高自主创新能力，加强生态环境的保护，改变经济发展方式，促进产业优化和结构转换，走新型工业化道路。公民要具有保护环境的意识，树立绿色的消费观念，践行生态文明的相关要求。如湖州安吉县通过植树造林，绿化荒山，保护水土和植被，大大优化了生态环境，吸引了大量游人，带动了当地的经济发展，实现了人民的增收，实现了人与自然的和谐发展。

三、结语

在高中思想政治教学中，教师要积极地进行学科核心素养的教育。学科核心素养对于培养和提高学生的政治认同、科学精神、法治精神、公共参与意识都是非常重要的,能够促进学生的思想进步,帮助他们养成良好的行为习惯。教师要基于学科核心素养,通过开展时政教学和辨析活动,开展议题研讨和分析活动等,不断地提高高中思想政治教学水平,渗透学科核心素养。

"四有"教育

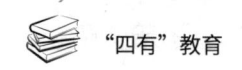

阅读训练:区域协调发展战略

【热点概述】

2018年11月18日,《中共中央国务院关于建立更加有效的区域协调发展新机制的意见》(以下简称《意见》)正式发布。《意见》坚持新发展理念,紧扣我国社会主要矛盾变化,按照高质量发展要求,从区域协调发展的角度,提出了建立更加有效的区域协调发展新机制的指导思想、基本原则和总体目标,对建立区域战略统筹机制、健全市场一体化发展机制、深化区域合作机制等10个方面做出部署,为促进我国区域协调发展向更高水平和更高质量迈进勾勒出新的路线图。

【角度分析】

1. 贯彻新发展理念,坚持协调发展。坚持协调发展,必须牢牢把握中国特色社会主义事业总体布局,正确处理发展中的重大关系,重点促进城乡区域协调发展,促进经济社会协调发展,不断增强发展的整体性。

2. 实施区域协调发展战略是建设现代化经济体系的重要举措。实施区域协调发展战略是新时代国家重大战略之一,是贯彻新发展理念、建设现代化经济体系的重要组成部分。建设现代化经济体系,必须实施区域协调发展战略,建立更加有效的区域协调发展新机制。

3.共同富裕是社会主义的本质要求,是社会主义市场经济的根本目标。统筹区域协调发展,有利于解决发展不平衡问题,促进资源的合理配置和社会主义和谐社会的构建,实现全面建成小康社会的目标。

4.加强宏观调控,发挥政府作用,促进经济持续健康协调发展。《意见》指出,坚持市场主导与政府引导相结合。充分发挥市场在区域协调发展新机制建设中的主导作用,更好发挥政府在区域协调发展方面的引导作用,促进区域协调发展新机制有效有序运行。

【热点设题】

材料一:我国幅员辽阔,国情复杂,地区间经济社会发展不平衡不协调的问题较为突出,特别是革命老区、民族地区、边疆地区等基础设施和公共服务设施依然较为薄弱。我国贫困问题的区域性特征,决定了要打赢精准扶贫攻坚战,必须与区域协调发展战略结合起来。

随着中国特色社会主义进入新时代,人民日益增长的美好生活需要和不平衡不充分的发展之间的矛盾成为我国社会主要矛盾。实现经济的高质量发展,就必须增强发展的整体性,促进城乡区域协调发展、经济社会协调发展,在新型工业化、信息化、城镇化、农业现代化同步发展的过程中,根本解决不平衡不协调的问题。

党的十九大报告提出了建设现代化经济体系的目标,并将实施区域协调发展战略作为重要举措之一。

"四有"教育

材料二：党的十八大以来，各地区各部门围绕促进区域协调发展与正确处理政府和市场关系，在建立健全区域合作机制、区域互助机制、区际利益补偿机制等方面进行积极探索并取得一定成效。同时要看到，我国区域发展差距依然较大，地方保护、区域封锁等不利于区域协调发展的现象依然存在，诸如：重复建设、产业结构趋同、限制区域要素流动，跨界公共事务亟待解决，基本公共服务供给失衡等问题依然比较突出。

1. 结合材料一，运用发展社会主义市场经济的知识，阐述实施区域协调发展战略的经济意义。
2. 结合材料二，运用"政府"的有关知识，说明政府在区域协调发展过程中应如何作为。

【思路点拨】

本题以实施区域协调发展战略为背景，意在考查学生分析和解决问题的能力，旨在增强学生的政治认同，培养学生的科学精神和爱国情怀。回答设问（1），要注意知识界定范围，可以通过理论和时政相结合，从全面建成小康社会进而实现全体人民共同富裕的内在要求、践行新发展理念、建设现代化经济体系等方面阐述区域协调发展战略的经济意义。设问（2）主要考查"政府"的有关知识，根据设问界定，针对材料中反映的问题，可以从转变政府职能、坚持依法行政等角度组织答案。

【参考答案】

1.①有利于优化资源配置，解决区域发展不平衡的问题，实现共同富裕的目标。②有利于贯彻落实科学发展观，践行以创新、协调、绿色、开放、共享为内涵的新发展理念，促进城乡区域协调发展和经济社会协调发展，推动新型工业化、信息化、城镇化、农业现代化的同步发展。③有利于加快转变发展方式、优化经济结构和转换增长动力，建设现代化经济体系。

2.①坚持党的领导，贯彻落实党中央关于协调区域发展战略的部署。②坚持依法行政，在区域协调发展过程中不缺位、不越位和不错位，提高行政效率和行政水平。③转变政府职能，建设服务型政府。敢于担当责任，勇于直面矛盾，善于解决问题，切实推动区域协调发展。④认真履行社会建设职能，为区域协调发展提供良好的自然环境和社会环境，让人民有更多的获得感和幸福感。

"四有"教育

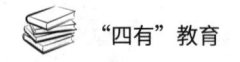

维护国家安全,你我携手同行

什么是幸福?有人说幸福是妈妈叫回家吃饭时的呼唤;有人说幸福是有个好身体,将来能够更好地报效国家;还有人说幸福是山河无恙、岁月长安。是的,国家安全是安邦定国的重要基石,维护国家安全是全国各族人民根本利益所在。

总有一种有力的声音在耳边回响:统筹发展和安全,建设更高水平的平安中国;总有一条清晰的安全脉络摆在我们面前:我们要以总体国家安全观为统领,牢牢守住安全发展这条底线,把安全发展贯穿国家发展各领域和全过程,防范和化解影响我国现代化进程的各种风险,筑牢国家安全屏障。

安全是个永远的主题,其内容涉及国家安全、财物安全、工作安全、人体安全,等等。某种意义上说,国家安全相当于"1",所有物质财富和精神财富相当于"0",只有国家安全了,我们现在的生活才能更加美好。但是如果国家的安全坍塌,剩下的任何东西就没有实际意义。正所谓安全似火,点燃了国家发展之灯!安全似灯,照亮了国家发展之路!安全似路,保障着国家不断地取得辉煌!

忘记历史就意味着背叛。在历史烟云中穿越,我们总会记得那些浴血奋战、救亡图存的不屈岁月。不信请听:犯我中华者,虽远必诛!这声音虽那么久远,却不改震撼心灵的力度。誓死不做亡国奴!于是中华儿女创造一个又一个惊天地、泣鬼神的惊人壮举。祖国就像东方的明珠，像腾飞的巨龙，像地平线上冉冉升起的太阳。

各美其美，美美与共。中国发展的速度与温度，对全球贡献了中国智慧和中国方案，人类命运共同体和新发展理念的相遇，正不断奏响人类和谐发展的新篇章。

和平与发展已成为当今时代的两大主题。可是，由于国家利益的相悖和错综复杂国际关系的影响，霸权主义和强权政治依然是和平与发展的两大主要障碍。国家安全在各种硝烟的弥漫中凸显重要。因此，国家安危，人人有责，只有你我合众为一，才能筑牢捍卫我国平安的钢铁长城，幸福美好生活，才能如期而现！

三尺讲台系国运，一生秉烛铸师魂。维护国家安全，是每一位人民教师义不容辞的义务。教师应充分坚守思想政治教育主阵地，提升主流意识形态引导力，一刻也不能懈怠，以润物细无声书写教育人应有的信念与担当。

有了坚强的意志，才有伟大的生活。我们要帮助学生正确建立忧患意识，自觉维护国家社会稳定。国家安全是人民安居乐业的保障，每个人都要传承中华民族的"位卑未敢忘忧国""国家兴亡，匹夫有责"的优秀文化传统，对危及中国生存健康发展的危险，具有清醒的认知和强大的担忧感。因此，我们都要身体力行，自觉维护社会的稳定，对于学生更要从娃娃抓起，培养其维护国家安全的意识。

维护国家安全，人人能为，人人应为。我们要告诉学生，保障国家安全并不是专属于哪类人和哪类行业的工作，而是我们每一位公民应尽的责任与义务。所以，我们必须重新检视自身，对国家安全有一种全新的认知，建立总体的国家安全观，提高国民安全意识。在工作上，适时更换杀毒软件，做好对病毒的预防，不要将一些涉密消息发于网络；不要滥拍摄乱传相片，谨防相片中存在未经批准摄制的军事内容流出而被敌特分子从中挖取重要信息；发现危及我国安全的重要情况和线索，主动及时向我国国家安全部门反映有关情况。

科学技术是生产力，而且是第一生产力。我们要鼓励学生，要不断加强学习，自觉用新时代中国特色社会主义理论武装头脑。当今世界，不论是导弹、核武器，又或是卫星定位系统、电子监控等，无不是现代知识所累积创造的结果。所以说如果不了解现代科学技术知识，就会落后落伍。因此，为了建设社会主义现代化强国，保卫国家安全，就必须不断地学习积累现代科学知识，为中华民族的安全和伟大复兴而努力学习。

坚定政治方向，保持政治定力。我们必须维持较高警觉，将国家安全的"防线"置于自己和学生的头脑之中，就像把自己的饭碗牢牢端在自己手里，而且要装自己的粮食。自觉维护全国各民族团结和社会安定，无论是思想上还是行动上，都要时刻与党中央保持高度一致，以较高的社会责任心和担当感，在自己的本职工作岗位上，发挥"三牛"精神，拿出实际行动，谱写一曲曲赞歌。

守好防控前哨，筑牢安全防线。我们要让学生明白，影响国家安全行为的事，万万不能做。比如：图谋毁坏政权、分裂国家、颠覆社会主义体制、从事间谍机构或接收间谍机构及其委托人的各项任务，盗窃、刺探、收买、不法供给我国秘密，或策动、胁迫、勾引本国人员叛乱等。帮助学生建立"国安无小事"的思想意识，谨言慎行，搞好意识形态工作。

法通国脉千秋稳。教师可以通过向同学们科普法律知识，增强学生掌握和熟悉关于国家安全与保密方面的法律法规和制度的能力，提高个人保障国家安全的法制意识；懂得捍卫国家安全是公民的基本法律义务。在课堂上加入科普相关国家安全的知识，通过学习增强了预防意识和防范能力，更善于辨别危及我国安全的各类伪装，为保障国家安全贡献应有的力量。

苟利国家生死以，岂因祸福避趋之！我们要自觉捍卫国家权益，要告诉每一个学生，要将我国的国家安全、名誉和权益摆在高于一切的战略地位，和祖国同呼吸共命运，在祖国的疆域遭受外国侵害时，丹心一片护热土；在国家的权益遭到侵害时，坚决同任何侵害国家权益的不法分子做坚决的斗争；在个人利益同国家权益出现冲突时，个人利益也应该服从于国家权益，甚至牺牲自己的利益来保全国家权益。

俗话说：兵可以千日不用，国不可一日不防！维护国家安全至关重要，国家安全需要你我共同努力。国家安全事关每一个人，也需要每一个人都贡献力量。因此我们要牢固树立热爱祖国的思想，增强国家安全的意识；牢固树立爱国爱民的思想，主动抵制诋毁国家和中华民族的言论，坚决不做可能危害国家安全的行为。青少年时期是世界观、人生观、价值观形成的关键时期，其容易受到其他不良思想的影响，特别是网络信息浩如烟海，良莠不齐，故而要对他们进行积极的引导。引导他们主动学习国家安全知识，增强国家安全本领。很多惨痛的教训告诉我们，很多时候我们的很多行为是无意的，却造成了对国家安全的危害，我们要认真学习了解国家安全的相关知识，用知识武装自己，不断增强保护国家安全的本领。

国家安全是我们幸福生活的基础和保障，保护国家安全更是我们义不容辞的责任，让我们团结一心，共筑国家安全的人民防线。一国尽乱，无有安家；一处皆乱，无有安身。安全是人类生存和发展的最基本要求，是生命与健康的基本保障。有了国家安全，才有安定的生活和发展环境。我们要引导各民族同学相互团结，保护国家的隐私，勇于同各种危害国家安全的行为斗争到底，并积极传递社会正能量。

风雨多经人不老，关山初度路犹长。

弹指五千年，云烟已过眼。共和国的旗帜上，依旧飘扬着我们信念的底色。盛世中华，让我们更加紧密地团结在以习近平同志为核心的党中央周围，不忘初心，牢记使命，奋进新征程，建功新时代，坚定不移地维护国家安全，为实现第二个百年奋斗目标，实现中华民族的伟大复兴的中国梦而努力奋斗！

一起向未来！维护国家安全，你我携手同行！

高中思想政治教学中贯彻"三观"教育的重要性

经济全球化背景下,信息知识不断更新,人们的思想理念发生变化,这种社会环境下,高中学生思想状态受到严重影响。高中阶段是学生知识学习、能力发展、素养形成的黄金时期,在这个阶段,教师要联系社会实际,结合学生实际有效对学生展开思想政治教育,以此来培养学生良好的思想观、价值观、世界观,促进学生全面发展。因此,高中思政教育过程中,教师可以积极进行课堂教学创新,明确三观教育的重要价值,正确引导高中学生思想,促进学生积极健康成长。

一、高中思想政治教学中贯彻"三观"教育的重要价值

(一)促进学生健康成长

高中学生健康成长、顺利成才是新形势下社会主义新征程的现实要求,也是实现中华民族伟大复兴和社会主义建设的根本要求。习近平总书记在十九大报告中明确指出:"青年兴则国家兴,青年强则国家强。青年有理想、有能力、有担当,国家有前途,民族有希望。"高中学生的价值取向决定着整个社会的价值取向,是推动我国民族复兴、国家富强、人民幸福的重要力量。在目前的社会环境下,中学生思想活跃,乐

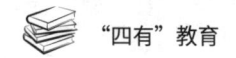

于接受各种新鲜事物，但对是非的判断力较弱，尤其容易被外界因素所迷惑。对于正在形成并确立自己价值观的高中生而言，抓好三观价值观教育，使其德智体美劳全面发展，既是新形势下学生成才的目标，又是自身发展的需要。

（二）促进学生应对西方文化冲击

在当今信息时代，随着世界形势的深刻变化，各种思想思潮相互激荡，西方的各种反华势力乘机以各种方式向我国学生宣传西方价值观，这些都对当代学生产生了深远的影响。目前，我国正处于转型时期，面临着世界多元化思潮的冲击，不同价值取向之间的竞争也呈现出新的态势。怎样以社会主义核心价值体系引导中学生健康成长，如何应对西方个人主义、拜金主义、享乐主义的冲击，显得日益紧迫。高中思政教育应切实加强对学生三观的培养，使学生能明辨是非，树立社会主义信仰，自觉抵制西方敌对势力和腐朽思想文化的侵蚀。

（三）提高思政教学价值

在高中教育中，应试教育一直是学生、家长乃至教师和学校的首要任务。应试教育背景下，影响了思想政治学科建设，使思政课程以"副课"的形式出现在学生和家长面前。随着新课改的逐步展开，学生的思政教育越来越受到各方的重视。因此，教师应把握时机，丰富思政课程内容，展开三观教育，提高思想政治课教学价值。

二、高中思想政治教学中贯彻"三观"教育的重要策略

(一)引入社会主义核心价值观,促进"三观"教育

在全国高校思想政治工作会议上,习近平总书记提出:要利用好课堂教学这一主渠道,思想政治理论课要坚持在改进中强化,增强亲和力,增强针对性,满足学生的成长需求和期望。高中阶段,学校想要加强学生良好价值观念的认同感,要积极发挥思政课程主渠道的作用,立足学校实际,建立校本课程教材,把教材和时事热点有机结合,通过演讲比赛、辩论大赛等活动,既提高学生学习的兴趣,又增强课堂内容的可读性。高中思政课教师教学过程中,要深入浅出地对社会主义核心价值观进行阐释,同时通过社会实践活动,潜移默化地培养学生良好三观,促进学生德智体美劳各方面的发展。这一方法更恰如其分地实现了思政课与社会主义核心价值理念的无缝对接,能够帮助学生更好地认识和理解社会主义核心价值观念,促进学生良好三观形成。

(二)应用多媒体技术,有效进行知识渗透

随着信息技术不断发展和广泛应用,多媒体技术被有效地应用于教育教学过程中,促进了我国教学的不断改革和创新。在新媒体时代,校园网是思想政治教育内容最有效的传播方式。根据调查发展,很多高中习惯于使用校园网进行思政知识、理念传输,有效地扩展了学生思政知识,培养了学生思政品质、价值观念。同时,学生也习惯于利用校园网来

获取相关思政知识，扩展了学生思政教育途径。在实际教育过程中，有百分之八十以上的学生认为校园网的引入，对于他们学习具有巨大帮助。可见，大多数高中学生对新媒体校园网持肯定态度，希望学校能够采取措施促进校园网的发展。基于此，在新媒体背景下，高中学校应该引入校园网，对传统的思政教育模式进行改进，有效对学生进行三观教育，促进学生全面发展。

一是利用多媒体技术，创新教学策略。教师在进行思政教育的时候，始终遵循正确的价值观的要求，符合客观规律，站在最广大人民根本利益的立场上，对学生进行思想和价值的正确引导。随着新媒体的发展，思政教师要积极发挥新媒体技术的优势，优化思政教学内容，吸引学生积极参与思想政治教育，提高思政教学质量。

二是应用多媒体技术，实现学生思想追踪。高中思想政治教育工作展开主要以课堂教学为主、社会实践为辅，教师对学生的评价可以采用理论和实践有机结合的方式。今天，随着大数据的发展，思政教师可以采用多种方式对学生进行评价，比如社会实践小论文、社会调查报告等等，通过收集和分析数据，搭建信息平台，发现学生思想政治教育方面存在的问题，建立信息台账，对学生思想动态进行适时跟踪教育，以此增强思政教育的针对性和前瞻性，有效解决学生存在的思想问题，促进学生良好三观形成，从而提高思政教学的效率。

（三）引入生活内容，渗透良好思想观念

高中思想政治课教学展开，其主要教学功能是启发学生思考，引导学生形成良好的思想品德和正确的三观。但是，在实际教学过程中，尽管教材内容很直观、很清楚，但是由于很多学生都是初次接触这些东西，在理解方面还存在着一些障碍。同时，在高中思想政治教学中，还存在部分教师对教材的理解和使用存在不足，对教学内容缺乏深入挖掘，使学生对思想政治教学内容的学习停留在表面上，不能把良好的思政内容和法治内容有效地结合，也不能使学生在现实生活中获得良好的实践经验，从而背离高中思想政治教学的初衷。例如，教师讲解"依法保障劳动者的合法权利"部分知识时，可以结合实际生活内容，引导学生通过对劳动法的讲解与探讨，使学生对劳动保障的相关知识有了更深入的了解，从而树立了应受法律保护的观念。

总之，高中思政教学过程中，不要一味追求教学形式的新颖，而应根据教学需要，根据学生的发展，将传统文化的内容与社会生活、教材、学生等有机地结合起来，加强对学生的三观教育。实际工作过程中，作为一名思政教师，必须转变教育观念，提高职业道德修养，树立新的观念，关心学生，促进学生积极参与课堂教学过程，使教育达到一定的高度，潜移默化地培养学生良好三观，从而培养出优秀的人才。

"四有"教育

在练习题目中构建核心素养
——中韩交接遗骸,志愿军烈士魂归故里

【背景材料】

经过中韩双方共同努力,437位在韩志愿军烈士英灵终于回到了祖国。3月28日,中韩双方在韩国仁川国际机场举行437位在韩志愿军烈士遗骸交接仪式。中共中央政治局常委、国务院副总理张高丽在沈阳桃仙国际机场出席在韩中国人民志愿军烈士遗骸回国迎接仪式并讲话。张高丽指出,缅怀志愿军烈士,就是要永远铭记他们为世界和平与人类进步事业做出的巨大贡献;就是要牢记战争给人类带来的深重灾难,倍加珍惜和维护来之不易的和平环境;就是要以发展的思维、长远的眼光来审视历史、观察现实、思考未来,更好地促进人类和平与发展的崇高事业。

【原创新题】

1.著名作家魏巍创作的报告文学《谁是最可爱的人》1951年4月11日在《人民日报》刊登,后入选中学语文课本,作品塑造的抗美援朝志愿军的光辉形象,鼓舞、教育了几代中国人。虽然60多年过去了,但"最可爱的人"的英雄形象永远留在人们的心中。从《文化生活》角度看,这表明( )

①文化对人的影响具有深远持久的特点

②文化决定人的价值取向

③文化对人的影响是潜移默化的

④优秀文化能够丰富人的精神世界

A.①②③　　B.①③④　　C.②③④　　D.①②④

2.伟大的抗美援朝精神,是中华民族传统美德和民族品格的集中展示,是以爱国主义为核心的民族精神的具体体现,永远是中国人民的宝贵财富,是中国人民团结奋进、战胜困难、勇往直前的力量源泉。材料蕴含的哲学道理是(　　)

①物质决定意识,意识对物质具有能动的反作用

②意识对客观事物的发展具有促进作用

③文化作为一种精神力量,能够在人们认识世界、改造世界的过程中转化为物质力量

④正确的意识对事物的发展起决定性作用

A.①③　　B.①④　　C.②③　　D.③④

3.张高丽在讲话中指出,爱好和平是中华民族的优秀传统,维护和平是中国人民的坚定决心。缅怀志愿军烈士,就是要永远铭记他们为世界和平与人类进步事业做出的巨大贡献;就是要牢记战争给人类带来的深重灾难,倍加珍惜和维护来之不易的和平环境。这体现了我国外交政策坚持(　　)

A.独立自主的基本立场

B.维护国家的独立和主权的基本目标

C.维护世界和平、促进共同发展的宗旨

"四有"教育

D. 平等互利、和平共处的基本准则

【参考答案】

1.B 2.A 3.C

第四章　有诗意的教育

　　雅斯贝尔斯曾经说过:"教育就是一棵树摇动一棵树,一朵云推动一朵云,一个灵魂唤醒另一个灵魂。"在自由浪漫的诗性教育里,在潜移默化的教育中,让诗意的教育洗涤每一个生命体的灵魂,健全每一个生命体的人格,达到返璞归真的教育境界!

"四有"教育

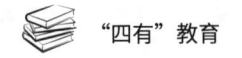

班级寄语：润物细无声

班风即班级的风气，它是班集体在思想觉悟、道德品质、意志情趣诸方面的具体体现，它是班集体长期形成的情绪上、言论上、行动上的共同倾向。一个拥有良好班风的班级，班主任必须发挥积极的主心骨的作用。班主任每周送给全班学生一句话，能如春风化雨般浸染学生的心灵，对全班学生起着熏陶感染、潜移默化的作用，启迪学生的智慧之门，能以更加积极主动的状态，发挥最大的潜能，促进班级集体发展。但是，班主任每周寄语最好书写在小黑板上，并悬挂于班级教室墙上，不同时期使用不同的班主任寄语是很讲究的。

一、新学期之时

新学期新气象，这个时候，学生已经经历了一个假期，思绪还停留在愉悦的假期之中，甚至有的同学还不想开学，希望假期还在持续之中。此时，为了把学生的心收回来，全身心投入到开学之中，班主任可以拟定如下寄语。"春天是碧绿的天地，秋天是黄金的世界，愿你用初春的生机为未来富有的金秋着色"；"只有比别人更早更勤奋的努力，才能尝到成功的滋味"；"我荒废的今日，正是昨日殒身之人乞求的明日"；"勿将今日之事拖到明日"；"时间在流逝"；"少年不知勤学苦，老来方悔读书迟"；"最浪费不起的是时间"；"浪费时间是一桩大罪过"；"书籍是横渡时间大海的航船"；"赢得了时间就是赢得了一切"；"莫道桑榆晚，为霞尚满天"；"青山依旧在，几度夕阳红"。如此多的名言警句，能告诉学生一个道理：没有时间观念的人是永远做不好事情的，成不了大气候，成大器者必须利用好时间，像珍爱自己的生命一样，惜时如油。

二、学生失落之时

中学生处于人生的过渡时期，情绪和感情不够稳定。大部分中学生在遇到挫折时因为处于焦虑和紧张的状态，所以增加了心理负担并降低了学习效率，进而阻碍了心理的健康发展。针对此类情况，可以使用这些班主任寄语。"如果你因失去太阳而流泪，那你也失去群星"；"有志者、事竟成，破釜沉舟，百二秦关终属楚；苦心人、天不负，卧薪尝胆，三千越甲可吞吴"；"要成功，就要长期等待而不焦躁，态度从容却保持敏锐，不怕挫折且充满希望"；"人生中只有曲线前进的快乐，没有直线上升的成功"；"逆境是磨炼意志的熔钢炉，困苦是完成人格的助燃剂"；"将心灵的视窗调整到快乐频道，学会快乐，即使难过，也要微笑着面对"；"生命的真谛在最困厄的环境中才能认识自我、完善自我、彰显自我"；"江东子弟多才俊，卷土重来未可知"。这样的班主任寄语，可以化解学生的心结，使学生正确面对人生路上的挫折和失败，并从根本上形成健康成长发展的内心机制。

三、学生备考时

　　高三年级的备考生活是宁静的也是寂寞的。知识的丰富和夯实，能力的迅速提升，思维的缜密成熟，这一切都需要建立在心静的基础上，并且需要一个惬意的学习环境。班主任寄语的作用，无疑能够达到这样双重的效果。"每天叫醒自己的不是闹钟是梦想"；"岁月可以夺走我们的年华，却夺不走我们奋斗的勇气"；"松弛的琴弦，永远奏不出时代的强音"；"我不是天生的王者，但我骨子里流淌着不服输的血液"；"没有斗狼的胆量，就不要牧羊"；"喷泉之所以美丽是因为它有压力，瀑布之所以壮观是因为它没有退路，滴水之所以穿石是因为它的执着"；"无论是羚羊还是狮子，须毫不犹豫地奔向前方"；"不逼自己，又怎么知道自己的潜能有多大"；"因为有悔所以披星戴月，因为有梦所以奋不顾身"；"人生就像一场旅行，在乎的不是目的地，而是沿途的风景以及看风景的心情"。这样的励志语言可以培养学生健全的三观，使学生理性思考、理性感悟、理性发展，学会以冷静、稳妥、积极的态度审视人生、认识环境和对待生活，确立理性观念，形成坚定的认知信念和认知准则。

　　班主任寄语在班级管理教育中并不是对学生提具体要求，而是寓教育于各种情境之中，使学生在不知不觉中受到熏陶，让学生胜不骄败不馁，真正做到自尊、自律和自强。

第四章　有诗意的教育

古诗词的豪迈，报国情的赤诚

中国古诗词，是中华民族的瑰宝，其博大精深，历经千年历史文化的沉淀流传至今，历史上诗人用诗词来表达所情所感，让人激情澎湃，永生难忘。最近做了一次关于高中生对古诗词的调查，其结果如下。

一、当前高中生对古诗词态度的现状

关于高中生对古诗词的调查问卷
（发出问卷57张，收回有效问卷57张）

问题	调查选项	比例
到目前为止，你会背多少古诗词？	A:50 首左右	35%
	B:150 首左右	37%
	C:300 首左右	21%
	D:300 首以上	7%
你会去书店买有关古诗词的书籍吗？	A：会	60%
	B：不会	40%
你以前背的诗词现在还记得多少？（完整的）	A：很少一部分	32%
	B：一般吧	54%
	C：很多	14%
你背的诗是自愿背还是老师要求的？	A：自愿	39%
	B：老师要求	61%

191

续 表

问题	调查选项	比例
你会去了解古诗词中诗人所表达的情感吗？	A: 会	80%
	B: 不会	20%
你看过《中国诗词大会》这类节目吗？	A: 有	88%
	B: 没有	12%
你觉得我们应该怎样对待诗词？	A: 学习并了解	95%
	B: 随便	5%

二、通过分析以上数据得到下列结论

1. 同学们都有自己的意见及看法，大多数同学对于古诗词的背诵不热情，很多同学的背诵篇目很有限，记得的也没多少，且很多同学不喜欢去读与古诗词有关的书籍，他们认为这是在浪费时间且又没有什么效果。

2. 许多同学背了就忘，对于大多数诗词只有那种朗朗上口的才记得清，且背诵需要老师强行要求才会去背诵，若不要求，没有多少同学会背，且有些是老师要求的也不背，只要与考试无关的篇目，都没有多少人愿意参与。

3. 许多同学也不喜欢去体会诗中诗人所要表达的情感，但有大部分同学会去了解与古诗词有关的诗词节目并希望古诗词能有更好的发展。

4. 同学们有自愿学的，也有被迫学习古诗词的，有同学觉得这是好文化，我们应保留，且《中国诗词大会》一类的节目很好，应发扬并多了解，从中体会诗词的魅力，使中华文化得以体现。

5.有同学觉得对中国诗词提不起兴趣,刻意背诵并无任何意义。学习古诗词也仅仅是为了考试,并认为当今这个时代不需要这些东西了,认为可有可无。

三、关于培养高中生热爱古诗词的措施

1.晨读,每日都接触,对古诗词就更为熟悉,在背诵方面能更顺畅。诗词不仅仅用来考试,它还能提升我们的文学素养和道德情操。因此,学校应对晨读进行更全面的监督,让每个学生能更重视古诗词。

2.可以借鉴央视节目《经典咏流传》,将古诗词改编成歌曲。研究表明,即便对古诗词觉得很无聊的学生,也能借助音乐软件上已有的古诗词歌曲,熟练掌握背诵的诀窍,激发对古诗词的爱好。

3.学校及社会可大力开展有关古诗词的文娱活动,比如,采用央视节目《中国诗词大会》开展飞花令一类的比赛,在比赛中同学们可以相互学习,让更多的人了解到古诗词的魅力,从而去学习、了解;也可以开展有关古诗词的话剧,将古诗词改编成小故事来演,加深对古诗词的理解。

后记:传承华夏文明,是德育教师的义务,借古典之诗,展华夏之姿。当代中学生要想腹有诗书气自华,要更好地做中华文化传播的使者,就要努力学习,刻苦钻研,把中华古诗词文化深深地记在心里,这不仅有助于培养学生的家国情怀,还能更好地让中国古诗词文化薪火相传熠熠生光。

"四有"教育

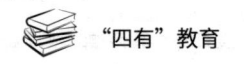

我给班级取个名

每当文理科分班后,我都会发动全班同学为自己新组建的班级取名。正如朱永新老师所说:"如果教室有一个美丽的名字,这个教室就有一个美丽的开始,因为,一个班级呈现在人们面前的第一形象就是教室命名,而最终呈现的则是教室文化的整体构建。"

传统班级的命名诸如什么高二(1)班、高二文科(1)班,显得有些呆板而没有生机和活力,班级命名要有诗意,不要传统或者落入俗套,好的班级命名总是催人奋进,对学生有着潜移默化的作用。同时,班级命名的设计主体是学生,是以学生为主教师为辅商议的智慧结晶,其丰富的寓意与内涵,必将赋予这个班级更为丰盈的文化因子。

继2018届铁军一班的班级名号之后,我接到的2021届文科一班该取什么样的班级名呢?怀揣这个熟悉而又新鲜的问题,我带着这个班级的学生开始了班级命名的工作。

我把班级划分为12个小组,把每小组的推荐人选依次请上讲台,对自己为班级取的班名进行即兴演讲,时间为3分钟,然后请全班同学对12个小组的班级名称进行投票,最终经过统计票数,最高票数的小组脱颖而出。

以下是本次活动收到的班级名号及相应的票数:

旗舰一班(17票)、招摇一班(9票)、明德一班(8票)、有为一班（16票）、北极星一班（13票）、溯鲲一班（45票）、青骓一班（35票）、瑾瑜一班（24票）、赤竹一班（26票）、猎人一班（15票）、秋鹤一班（9票）、铁戟一班（1票）。

经过一番激烈的演讲后，溯鲲一班以高票通过。

班名：溯鲲一班。解读为：溯，逆流而上；鲲，传说中北方海里的大鱼，可变化为飞鸟。北冥有鱼，其名为鲲。鲲之大，不知其几千里也；化而为鸟，其名为鹏。鹏之背，不知其几千里也；怒而飞，其翼若垂天之云。是鸟也，海运则将徙于南冥。南冥者，天池也。——《庄子·逍遥游》。寓意：我们一班的同学都是一条条逆流而上的鱼，不畏艰险，洄游直至。在六月的高考里，愿我们力挽狂澜水击千里，追溯到成功的彼岸。让我们幻化成鹏，直击长空，铸梦大学，鹏程万里！

在班级名称取好的基础上，产生了班训、班徽和班歌。

班训：学者扫物，贵有鲲一心图南直觅本来，然有鹏一腾万里。译释：学者求学问道，必须先扫除外界干扰，最可贵的是要有鲲一心直溯南冥的毅力；寻求自然本性，方可求得受用真学问，才能拥有像鹏一样腾直飞万里的能力。

班徽：以同心圆为背景，代表着我们一班是一个团结和谐温馨的大家庭。内圆由鲲及其简笔围构而成，代表我们"溯鲲一班"的成员；在内圆外侧有一个双翅振飞的形状，代表鲲化而为鹏的过程；而在内圆的下方，由三层波浪组成，第三层波浪像一本打开的书本，代表知识，波浪则代表汲取知识的路上遇到的挫折与困难。这预示着终有一天，我们会像鲲一样,在知识的海洋中克服重重难关,逆流而上后,化为鹏鸟,带着梦想的翅膀,飞向远方。在圆的中央,是两个高矮不一的艺术化的人,也是艺术化的"1",两人呈拱手作揖状,象征着我们一班的师生之间谦逊有礼、相互尊重,体现了中华文化深厚的美德与底蕴。同时,班徽以蓝色为主色调,绿色、金色为辅衬。蓝色既象征知识的海洋,也寓示我们要有包容的博大胸怀,同时还象征着沉稳、安定与和平;绿色意喻全班同学朝气蓬勃,也体现了健康、智慧与希望,是生命的象征;金色,有太阳般的光辉,意喻我们有一个灿烂、辉煌的明天。整枚班徽自然而然地体现了学校"和雅博序"的校训。

班歌:以《横冲直撞》为曲,词由杨舟同学带着全班同学做了修改。歌词如下:

山间霞光明灭 / 冰层融化着你的梦境 / 十月晚安的那片原野 / 年少总寻觅你的心愿 / 难平四季那风景岁月 / 凉风轻抚过你的瞬间 / 热浪拍打心灵的空缺 / 血涌起那小小少年 / 你横冲直撞 / 一直到最远方 / 一路上在征途中嘶哑张狂 / 倔强之下为你描绘黑白序章 / 你一无所有地闯荡 / 一路总是期望 / 狂风暴雨从未阻断逆风向上 / 伤疤是寻找迷途的大致方向 / 一腔热血日夜滚烫 / 独自对抗 / 独自生长 / 独自流浪

难平四季那风景岁月 / 凉风轻抚过你的瞬间 / 热浪拍打心灵的空缺 / 血涌起的那小小少年 / 你横冲直撞 / 一直到最远方 / 一路上在征途中嘶哑张狂 / 倔强之下为你描绘黑白序章 / 你一无所有地闯荡 / 一路总是期望 / 狂风暴雨从未阻断逆风向上

/伤疤是寻找迷途的大致方向/一腔热血日夜滚烫/独自对抗/独自成长/独自流浪/你一无所有地闯荡

一个有意义的班级名称的确立,能增强学生的自信心和凝聚力,能使学生无论何时何地都维护班级荣耀,并把它与自己的实际行动结合起来。正如苏霍姆林斯基所说:"集体主义教育的实践,首先在于激励学生自由地、自觉地实现集体的目标。"

"四有"教育

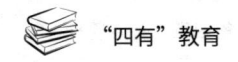

白头鹭·使节

你是西伯利亚派来的使节
搭上贝加尔湖开往中国的专列
一路向南
旅途的疲惫
在你轻盈的翅膀中逐渐溶解

你是春天派来的使节
划破碧阳湖[1]棱镜般的平面
四周缝裂
湖上的轻纱[2]
被你多情的双爪揉得愈加难以割舍

你是陶潜派来的使节
肆意装点农家的田园
动静之间
遐想的勾勒
添你那毫无显摆的墨点

---

1 倒天河下游的人工湖,同心大厦旁边。
2 轻纱,这是一种常见的自然现象,其形成的原因是河面上的水蒸气随气温下降产生液化现象,看上去就像白雾一样。

第四章　有诗意的教育

布谷之声

上寨村[1]的白桦树梢
一只不倦的旅者
启动了单曲循环
布谷，布谷
浸红了杜鹃
染白了玉兰

布谷，布谷
二十多年前
你把唱腔拉得悠长
只为我的中考
疗伤
不哭，不哭

我偏执地认定
你就是那只不哭鸟
你把绿色的祝福
写在枝头
春风十里
百转千回

1　上寨村，位于毕节市七星关区赫章县。

"四有"教育

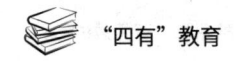

端午杂叙

每年的这个节日
毕节的新街瞬间变成磁场
铺天盖地的菖蒲和艾叶
把磁场格式化
重命名为人海

人海,倒天河,汨罗江
九歌,天问,香草美人
亘古的岁月
粽子,赛龙舟
保鲜先辈的容颜

您楚国纵身一跃
把执着写在追梦的路上
多少如雨的汗水
打湿背上的行囊
还有初升的太阳和西斜的月亮

也是您的这一跃
馥郁了善的芬芳

第四章　有诗意的教育

有人把成沓的扇子和口罩
用没有吆喝的吆喝
在熙熙攘攘的人群中免费发放

还是这一跃
开出了百草皆药的慈世良方
雄黄斩断了蛇蚺蛟蛎的喉
忘忧草疗了田夫野老的伤

"四有"教育

反比例

小时候

我抬小碗

父亲抬大碗

长大后

我抬大碗

父亲抬小碗

小时候

我出门玩

要给父亲报告

不惑之年

古稀有余的父亲出家门玩

要"征得"我的许可

小时候

父亲的训斥

总在我脑海中萦绕

成家后

我却眷念孩提时父亲的怒吼

因为

第四章　有诗意的教育

以前他的脚少
现在他的脚多

"四有"教育

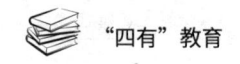

归途

从老家回城的路上
缕缕阳光穿过车窗的玻璃
像风一样掠过油沙梁子的万亩漆山
又像温顺的羔羊抚摸着日月的面庞
此时,朱家寨大岩洞流淌出的金色河水
一定把潺潺的音乐唱给斜阳

这条路
从尽头的未知到每一个村落的如数家珍
从村口母亲的目送到暮色中的华灯初上
似乎在二十六年的时间里
些许凝固的记忆慢慢融化、复原、清晰
像黄厂大山上的初雪晶莹剔透

一条路
承载多少宛如平常一段歌的往事
南山等车人的烟斗,过滤着泛黄的岁月
放牛场夏日晒干的苞谷,眷写着乡人的容颜
蚂蟥村里无蚂蟥,却是晕车人的期盼
下一站海子街

第四章 有诗意的教育

高二的寒假，以积雪为背景
我、二哥、斌哥组团回家
我们借了同窗的自行车，斌哥选择了拄拐步行
千山鸟飞绝，万径人踪灭
冰雪裹住轮毂，寒风凛冽着衣背
我们画了两条线，偶有相交和平行
斌哥的拐杖驻出了不老的咏叹调

有时候
在钢筋混凝土的群落里
温一壶老酒抿一口清茶
倚窗而望
在蔚蓝天幕上找到飞鸽的位移
然后让思绪伴随酒的醇香
在茶叶浸泡后的沉寂里
找到归途的方向

"四有"教育

读坚强

小时候
我把坚强叫作"挨到"
那个冬天的对白
冷却了我的心海
你为什么发烟给同学们
弟兄情怀
打掌心多少教鞭
一烟一鞭
啪啪的声响
震落了屋顶瓦砾沟里的积雪
才打得十个啊
老师,还有这一只
有一种"挨到"
让我远离这么多年的尼古丁

中学
我把坚强叫作"挨到"
和启明星一起朗诵
和晨曦一起走在路上
和夹生饭一起把胃较量
一起太多的音响

夜间的嗡嗡嗡
以及饭锅里嗦嗦嗦
有一种"挨到"
堪比千古绝唱

中年
我把坚强依然叫作"挨到"
当摄影师按下父母纪念照快门时
我强忍着泪水的阀门提醒自己
爸爸妈妈不就在眼前
终究
在黑白照片前
我的"挨到"输给了餐巾纸
有一种"挨到"叫作珍惜

待到老年
我该怎样以什么样的维度
重新诠释坚强的内涵和外延
在公园里
在夕阳中
在自动升降床上
这一切
那么遥远又那么近切
有一种坚强叫作故事还未开始

"四有"教育

话一

捋一把秋日的斜阳
揣进心房
储存冬日的干粮
在飘雪的隆冬
拷贝阳光

拾一地笑得夸张的银杏叶
选了几枚
扮演书签的模样
那浸透经脉的黄色
召唤少时捡回书中的桂香

品一口醇香的红茶
顺着喉咙
追寻浮沉的茶叶
着落的方向
诠释远方

第四章　有诗意的教育

怀念"六一"

我家的调皮鬼
书包里的零食
早已给"六一"披上了盛装
三十二年前的此刻
我衣兜里面满满地装着
青涩的螳螂果

就在这时
我想象着你演唱四川民歌螃蟹歌
怪怪的模样
两只大夹夹
一个硬壳壳
纯真的舞动
复制了爸爸年少的小样

三月桃花香
四月菜花黄
哥哥当红军
弟弟把歌唱

我还是当初那个少年
没有一丝丝改变

"四有"教育

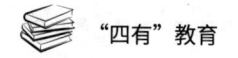

怀疑一条鱼

我曾怀疑一条鱼
身上的绯红
是庄周与惠施的面红耳赤
摆动的鱼尾
撕掉泛黄的日历

我曾怀疑一条鱼
在钢筋混凝土的方塘里
任时光飞逝
水一样的口香糖
咀嚼昨天的记忆

我曾怀疑一条鱼
木鱼一样的脊背
记录斜风细雨日丽风和
从此
天光云影是你的
光阴是你的

检索母爱

他爷爷
你来看看
这大蒜怎么切不破
害我差点被薄刀切到手指
他奶奶
你切个鬼
你咋子把孙儿的开心果弄到这里

您和父亲的经典对白
触碰了我的耳膜
你们笑声的按键
重启我记忆的碟片

童年的夜晚
充盈着母亲恩准的快乐
邻家院落里有不会遗忘的月亮星星
还有伙伴
还有这首童谣
月亮堂堂
酥麻秧秧

"四有"教育

大姐磕头
二姐烧香
哥哥开门
等伯伯进来

院落的村口
中学的书海渡口
我已记不清
母亲打了多少次柴米油盐的行囊
还有多少次村口的叮嘱和守望

守望漫漫岁月
我将岁月的碎片
剪辑打包然后储存
文件夹的名字：母爱无疆
内容：妈妈的笑脸和银丝
加密锁：愿母亲健康长寿

借我一缕阳光

阳台上西晒的阳光
背叛了窗前的青苔
眠了一个冬夜
醒了春晨
对面的露天阳台
女主人的梳子
蘸了晨曦
在乌黑的头发里
装点柳枝的绿意
你左手的镜子
如果能借我一缕阳光
我定会把它种在瓦盆里
待明日
送你一树的果香

"四有"教育

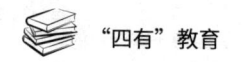

宅情

我打开微信
听朋友圈雪花落地的声音
后来
我推开西窗
囤了一屋的斜阳
至于广场
父亲和我早已把它搬进客厅和火房

每天
抑或客厅抑或火房
都有新奇的连续剧
羽毛球的轻重缓急
珠珠棋子的步步为赢

父亲说
等钟南山老人说可以动的时候
他要把客厅和火房搬到公园
把宅出的疫情话题
在夕阳红里传递
纵使门牙落光
也谈老当益壮

第四章　有诗意的教育

腊梅香自四合院[1]

狗年隆冬
你如约而至
在躬行楼[2]四合院里
沉睡了二百七十天的花蕾
来不及等待昔日绿叶的告退
羞羞答答地爬满了整个枝丫
一觉醒来
他们便开口说话
说出了黄色
说出了芬芳
说出了和雅博序方正有为[3]
说出了岁月静好

1　四合院属于毕节民中建筑特色,寓意为民族团结,方正有为。
2　躬行楼属于民中办公楼,取名源于入楼门联:事要躬行才服众,身若垂范可动心。
3　"和雅博序方正有为"属于民中特有的校训,此训与1有缘。

215

"四有"教育

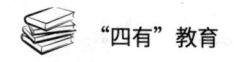

老屋

我钟情于你
像一个人的初恋
像一个人的生命

生命的长河,川流不息
石棉瓦上的青苔
疯狂地把根须穿过历史
侧耳倾听

西窗的泪水,充盈
慢慢走进父亲的梦境
老爷子的拐杖
惦记着屋里
母亲和他黑色的长方体

后院的大斑竹,爹的脊背
在雨雾中
勾勒的抛物线,有最大值
是谁?沉寂了犬吠
牛鸣,响在醉酒的耳朵里

第四章 有诗意的教育

天空,别在哭泣
我把目光,揉成餐巾纸
只为
云霄尽头的诗情

"四有"教育

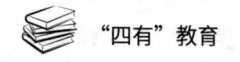

莲叶与父亲

我深爱着这片莲叶
大的小的
一如父亲用过的秤砣
莲在水上
砣在心中

我眷念着这片莲叶
深的浅的
那是父亲饲养的水牛脚印
莲在平面镜中
印在青花瓷一样干裂的土地上

我珍惜着这片莲叶
绿的黄的
它是父亲岁月的轨迹
我悄悄问了问上天
可否增加绿叶的面积

两只蚂蚁

两只孪生的蚂蚁
在十一楼的阳台上彼此谦让
它们的味蕾
源于一颗煮熟的米粒

我用目光扫描墙面上的足迹
没有行囊相机帐篷干粮
没有胆怯孤寂长夜忧伤
只有广袤的大漠和义无反顾的闯荡

楼上谁家的六弦琴
弹起了阳关三叠
只为你修长的脚掌
把归途写进前行的方向

"四有"教育

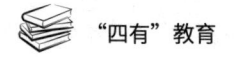

且听风吟

是谁
趁我午睡的间隙
借走我窗前的风铃
阳台上晾着的外衣
分明留下你来过的痕迹

是谁
送来我怀疑人生的耳鸣
离开树干的舞者
抑或高歌猛进
抑或轻声来和
抑或浅唱低吟

是谁
拐走了朵朵白云
洒下斑驳的精灵
腊梅因你而芳香
山茶因你而氤氲

又是谁

在南岭路旁的香樟树上
鬼鬼祟祟地偷看
夜空的半个月亮

"四有"教育

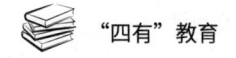

三月

三医门口的海棠
一树粉红醉芬芳
满树的绿意
早已爬行于花瓣间
像蜂蝶一样

同心林掠过的燕子
衔来春泥
剪了丝绦
在农家小院
修葺经年的家园

百里杜鹃大道
车水马龙
红绿灯为词马达为曲
似乎复工复产车间里的交响
刹车尾部的光亮
有机地焊接万家灯火
将满天的星斗钉在无边的天幕上

春天花会开
鸟儿自由自在
莎士比亚换着字幕
黑夜无论怎样悠长
白昼都会到来

"四有"教育

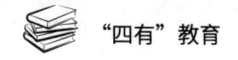

石榴花开

前天的风
昨夜的雨
奈何无语的花蕾

绿中的红
红中的绿
红与绿的际遇
挑战过往审美的禁忌

太阳
红了你的短裙
月亮
皱了你的腰脚
繁星
串了你的同心圆
只为经年落叶的夙愿

四叶草

暮春的夕阳
透过四叶草的心脏
我看见了绿色的血液
沸腾了每片叶瓣的边缘

往事
犹如这挨挨挤挤的叶舟
错落有致地驻足于我的心田
有初四的
有高三的
有响水滩的
有罗马山脚下的
不一样的岁月轮回
唱着四叶草的主题歌

四叶草的前身是三叶草
有一个美丽的传说
谁找到四叶草
幸运眷顾谁
我曾经把幸运之神

"四有"教育

插在水瓶里
当夜来香一样
欣赏它的绿意
直到后来
它们都通通成了我的书签

幸运
有时候真的很简单
女儿把找来的四叶草
编成了两个漂亮的花环
一个给我
一个给爱人
她说
一个给妈妈"戴"来好运
一个给爸爸"戴"来幸福

写进自然的生命

午后的阳光
穿过云林
泻满校园整个长方形的鱼池[1]
鱼群簇拥着这个温暖片状的精灵
用有温度的串串气泡见证
写在水里的生命

雷公公敲响的大鼓
邂逅了春日里的雨滴
驻足花蕊的水珠
享受着宿命的过程
在花与花的私语里
聆听着百里杜鹃林[2]
把生命写进土里的意义

低飞的群鸽

---

1 毕节民中鱼池,位于学校刻有"和雅博序"观景平台。
2 百里杜鹃林,属于原生态百里有余的杜鹃林,位于大方和黔西之间,每年三月中下旬是赏花的最佳时节。

"四有"教育

肆意将翅膀上的哨筒[1]吹起
响亮的,稚嫩的,咕咕的
灰的,白的,灰白的
穿过春燕余温的划痕
一起在天空里构建有坐标的生命

---

1 哨筒,属于哨子的一种,鸽子专用哨筒多用梧桐树木等雕刻而成,固定在鸽子翅膀上,在鸽子飞翔的过程中,会发出悦耳的声音。

第四章　有诗意的教育

雪趣

风娃娃鼓足一腮帮的气
吹走了太阳
唤来了冰雨
忙了整整一夜
让纯洁淹没灰色的足迹

校园里飞来了几只喜鹊
清脆的鸣啼
融化了重叠的棱角
从奢香夫人的肩头
飘过孔老夫子的脚趾
流到广场的缝里

景行楼下的秋菊
把丝丝缕缕的黄交给日历
试与清源楼比高的玉兰
朵朵跃跃欲试
等待
等待和春天一起角逐

"四有"教育

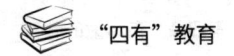

两处苍翠的细竹
把躬行楼紧紧偎依
雪后的竹节仍高
风过的叶儿如泣

一棵玉兰的坚守

和你认识
始于二〇〇五年
那时
你一身绿装
在清源楼门口
静静地守望

守望轮回的季节
守望蓬勃的少年
守望白发与青丝里的逻辑思辨
守望青砖碧瓦与蓝天白云的寥寥数语

周末的冬至
你用一夜的大手笔
勾勒了满树的花蕾
椭圆的,菱形的,锥形的
你似乎要用顽皮的蜡笔
诠释花蕾与数学的交集

我明知你的芳名

"四有"教育

却偏执地打开手机安卓系统
机屏亲吻你羞羞答答的脸庞
系列与玉兰有关的汉字
竟让手机口快心直地解读你的风情

我打开收藏夹
凝视着今昔花蕾所在的每一个枝丫
我惊奇地发现
你的人生
居然没有彩排

我放下手机
任思绪与你重温岁月
你曾仰慕南飞的大雁
你曾动过与风私奔的念头
你差点答应杜鹃的鸣啼衔走缤纷的落叶
你差点……

终究
你却选择了坚守

坚守春姑娘的到来
她一剪彩
你便醉得满树花开

"四有"教育

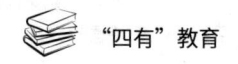

一只喜鹊

我不知道你的性别
但我却清楚地知道
你不是大难逃飞的负心汉
也不是见异思迁的负心娘
因为
在你频频驻足回望的双眸里
我看见你满眼噙着的忧伤
你不是完美的预测家
却用清脆的嗓音
报得人间吉祥
你不是知名的舞者
却用痴迷的姿态
将皮影的经典
投放在背景墙上
你不是绚烂的颜料
却用永恒的黑白
绘出是非的力量
你不是专业的园艺师
却用黑褐的双脚
在树梢的尽头
嫁接芳香与温柔

第四章　有诗意的教育

一个梦，一个人

沙沙沙
风来了
成熟的果园
听枝头的风语

我品尝着风的味道
那是北方的标签
在蔚蓝的天空里
思绪，如片片白云
那么柔那么美

在轰隆隆的马达声中
横亘的话题重现
我是谁？从哪里来？到哪里去？
白云千载空悠悠
云深，深几许？

归途，总在线段的另一头
故园的催化剂
把故事翻肠倒肚

"四有"教育

在滚滚字幕间
我时常按住记忆的暂停键
皱眉,开颜

我有一个梦
种在倒天河畔碧阳湖边
萌芽,破土
然后
肥了枝头

两只喜鹊
欢唱阳光
洁白的羽翼在空中滑翔
像旋转的螺旋桨
让梦划向心海

致银杏

银叶的沉淀
向来一本正经
在弯腰的谷穗里
在九曲黄河中

银叶的痴情
要问大地
在你飘落过的地方
总会留下心形的吻痕

银杏的耿直
于岁月轮回的卸妆
纵然黝黑和裂皱
也要蓄明日的光

"四有"教育

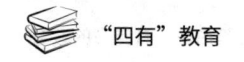

一路风景一路歌

从筑城回来的那个晚上
我把车内的音响调至最大量
我用固执的枯藤做成行囊
任窗外的青山绑定夕阳

打着双闪的车队
停靠在收费站进站口
手表上的针头
期待元旦钟声的敲响

几只喜鹊
俯视复兴号的修长
在横纵交织的巢穴里
衔来的青苔
依然闪烁太阳的光芒

不倦的单曲
一遍一遍地回放
穿越新年的绕城高速
我依然坚定

第四章　有诗意的教育

有一个叫作袅袅炊烟的地方
叫作家的方向

"四有"教育

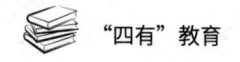

一头不死的牛

打开记忆的阀门
与寻一头牛有关
雌性,腰身修长
全身的毛,黑得泛滥
锋利的牛角
赤红的双眼

这个家伙
与温柔无关
暴躁如雷
曾经好几次用牛角顶翻家人
好几次,敢与死神决战

这是一头不死的牛
有一年,我八岁
我用金竹条子
打着它正在生产的腹部
从后山一直飞奔到家里的土屋
最后安全分娩和她同花色的牛犊

第四章　有诗意的教育

这是一头不死的牛
一个飘雪的季节
被父亲在它的喉咙处
不小心种下了咳嗽的种子
春日
父亲开出了几种诊断的结果
抑或牛食烫伤喉咙
抑或铁钉别在呼吸道处

这是一头不愿死的牛
在黄昏下山的时候
全身的关节响得考验着我的心脏
后来
父亲把攥着的缰绳
交给一位拿着烟斗的大叔
在通往城市的拖拉机上
我的这个伙伴
一边哮喘，一边回头

"四有"教育

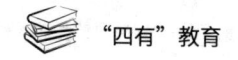

雨的记忆

异地的天空
复制了故乡的云
三十度的土坡[1]
拷贝儿时村落的记忆

铺满稻草屋顶的零星的绿
抑或是一些自然的旅者
遗漏的行装
是风与蒲公英的恋情
是杜鹃对山楂核的不舍
还是盖房子的大叔烟斗里落下的时光

有些时光不可复制
比如,还是这些绿意
它们复制不了故乡茅屋上的鹅儿肠[2]
以及它们在我心中纵横长势的模样
还有,绿色血液在枝节间的澎湃

---

[1] 位于水城县千户彝寨。
[2] 鹅儿肠又名牛繁缕别名鹅肠菜。含有多种维生素等成分。全株光滑,茎叶有毛。茎多分枝,柔弱,常伏生地面,有清热解毒活血消肿等功效。

但是
屋檐的雨滴还是复原我的记忆
成线的点滴的晶莹的略浑的
昨夜嘀嗒的檐雨
还在耳畔
至于妈妈的那句
房檐水，滴旧窝，半点不差移
一直在心中

"四有"教育

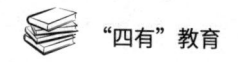

再写腊梅

如雪的时光
轻轻吻着你黝黑的肌肤
杳然悠远的绿意
是这个季节
最没有遗憾的别离
以风为笔
涂鸦于白墙青瓦间
每一个花蕾
没有纠结过往
斑斓得如同万家灯火
片片寂然开繁华

悠悠的雪花
穿尘而过
覆盖了琉璃的往事
以透骨的温度
邂逅所有的美好
几只麻雀踏雪而来
驻足、嬉闹、啄香
于是

第四章 有诗意的教育

幽幽的款香
模糊了季节的风雪

在雪落倾城的浪漫里
伫立于岁末的门槛间
我把这浅浅淡淡的味道
打包快递
一份寄给憧憬
一份寄给过往的诗行

"四有"教育

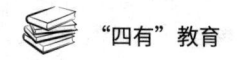

执拗的蒲公英

每个春天的剧场
你用向日葵的模样
黄了花骨朵
然后
白色装饰了你的梦

后来
你把夜间的流星
还有大地虫鸣
塞进圆圆的行囊
等待黎明的启航

终究
你还是和春风毁约
留了下来
在妈妈的怀里
簇拥着的降落伞
虽已打开

第四章 有诗意的教育

最美的声音

当背景音乐响起的瞬间
我内心深处澎湃的潮水
放纵地奔流
在黄河壶口边缘
在吐鲁番葡萄架下
在桂林的沙石中
在东方明珠的塔尖上

我涌动的红色血液
爬满了我的整个脊梁
在激流险滩处
奏响中华的声音
我竭尽全力地吐出每一个方块字
慢慢朦胧了我的双眼

少年！可爱的少年
愿你在漫漫书海和矫健步伐之间
构建人生的坐标
放飞希望的梦想
在碧阳湖畔
让你的人生之舟开始远航

"四有"教育

致溯鲲[1]

不要问我从哪里来
我的故乡在峰峦叠嶂的地方
那里有我魂牵梦绕的童年梦想
化作潺潺的溪水
昼夜流向远方

不要问我从哪里来
我的家叫彝寨苗乡
那里有成群的牛羊
岁月在牧童的横笛里
变化着季节的模样

我按下双眼的快门
定格村口母亲挥手的瞬间
无须美颜
满面的微笑和有力的臂膀
为我开启导航

---

[1] 溯鲲一班,2018级一班班名,溯鲲取自《逍遥游》:北冥有鱼,其名为鲲。鲲之大,不知其几千里也;化而为鸟,其名为鹏。鹏之背,不知其几千里也。本诗为2019年12月31日元旦晚会班主任配乐诗朗诵。

第四章 有诗意的教育

我钟情于一个叫溯鲲的地方
这里的同窗好友的容颜亮堂堂
我们似亲友胜姊妹
书声琅琅勾勒诗和远方
我们似打不垮的兄弟连
用稳健的步伐丈量青春的梦想

我曾经在无数次月考后
怀疑人生没有方向
我曾经在无数个盛夏的夜晚
眼泪打湿月亮
可是
当我抬头看看夜空里的星星
最亮的四颗
是爸爸妈妈所在的地方

于是
我疲惫的双腿
呼入催化剂的能量
我酸楚的臂膀

"四有"教育

伴随尺子和钢笔
奏响了青春的交响

于是
我的人生之舟开始启航
在海洋的风浪里
我握紧了舵
朵朵洁白的浪花
是我前进的方向

奔跑吧！少年
过了今夜
明天
山那边还有不一样的太阳和月亮

第四章　有诗意的教育

致我魂牵梦绕的母校

我真的没有想到
与您邂逅
踏着冰凌
站在弯腰树[1]通往两合岩[2]的路上
魂不附体

斗转星移
已廿六载
您
除了苔痕上阶绿
容颜不逝

我看见了您深邃的眼神
我努力追忆
红领巾系在脖子上的日子
有爆米花麻花熟洋芋
有跳板捡石子丢纸板有秋千蝴蝶

---

1 地名，属于贵州省毕节市七星区小吉场镇。
2 地名，属于贵州省毕节市七星区小吉场镇。

"四有"教育

我依稀感觉封老师的教鞭
刚刚举起又在半空停顿
耳畔
再次响起第八套广播体操青春的韵律
时代在召唤

校园周围草丛里的露珠里
折射朝阳的光芒
屋后山上的毛栗
常常偷走我懵懂的好奇
山上有诗

我努力回忆同窗的模样
马尾辫
小平头
一起把太阳追到山的那一边

任时光飞逝
任桃谢春红

第四章　有诗意的教育

我总不会遗忘在南山小学[1]响起的歌
一首不老的歌
让我们荡起双桨

---

[1] 南山小学，七星关区小吉场镇的一所村校，系作者小学和初中时候的母校。

"四有"教育

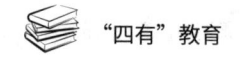

后记

书稿结束之际,我的耳畔再次回响起这些关于教育的金句,这样的暖心金句高瞻远瞩、内涵丰富、情深意切、催人奋进,极大地鼓励和鞭策我和所有的教育工作者,于是摘录下来,与更多的老师朋友分享。

"教师要时刻铭记教书育人的使命,甘当人梯,甘当铺路石,以人格魅力引导学生心灵,以学术造诣开启学生的智慧之门。

"全国广大教师要做有理想信念、有道德情操、有扎实知识、有仁爱之心的好老师,为发展具有中国特色、世界水平的现代教育,培养社会主义事业建设者和接班人做出更大贡献。

"教师重要,就在于教师的工作是塑造灵魂、塑造生命、塑造人的工作。一个人遇到好老师是人生的幸运,一个学校拥有好老师是学校的光荣,一个民族源源不断涌现出一批又一批好老师则是民族的希望。

"好老师要有'捧着一颗心来,不带半根草去'的奉献精神,自觉坚守精神家园、坚守人格底线,带头弘扬社会主义道德和中华传统美德,以自己的模范行为影响和带动学生。

"发展教育事业,广大教师责任重大、使命光荣。希望你们牢记使命、不忘初衷,扎根西部、服务学生,努力做教育改革的奋进者、教育扶贫的先行者、学生成长的引导者,为贫困地区教育事业发展、为祖国下一代健康成长继续做出自己的贡献。

"教师做的是传播知识、传播思想、传播真理的工作,是塑造灵魂、塑造生命、塑造人的工作。教师不能只做传授书本知识的教书匠,而要成为塑造学生品格、品行、品味的'大先生'。"